こころをつなぐ
離婚調停の実践

飯田邦男◎著

発行 民事法研究会

『こころをつなぐ 離婚調停の実践』の刊行に寄せて
―― 法律実務の視点から ――

元明治大学法科大学院教授　若　林　昌　子
弁護士　片　山　登志子

　家事調停は、家事事件手続法（平成23年法律52号、平成25年1月1日施行）の施行により、新しい時代を迎えている。特に、家事審判事件手続における手続保障、子の利益に関する配慮についての革新的規律は、その一部が家事調停規律にも準用されていることから、新しい家事調停論の展開が期待される。家事調停事件の中でも子のある離婚調停事件手続論は、「子の最善の利益」実現の視点から、当事者の自己決定の相当性、子の監護事件の公益性の要請を家事調停プロセス論に具体化する議論の深化が期待される。

　離婚紛争プロセスにおける子の監護問題については、家事調停の本質的機能をどのように考えるかが影響し、実務家、研究者の多くの研究は理論的にも極めて多岐にわたる。家事調停の本質については基本的見解が分かれるところであるが、実務経験からいえることは、家事調停は司法型ADRであり、その基本的構造は司法的機能および調整的機能を合わせ有することを前提に考えるべきであろう。そこで、調整的機能として、家事調停プロセスにおいて、調停者の側に求められる行為規範とともに調停技法についての理論的方法論が求められる。

　本書『こころをつなぐ 離婚調停の実践』は、元家庭裁判所調査官飯田邦男氏の実務経験、さらにソーシャルワークの研究等の成果である。飯田氏は実務的視点のみならず、行動科学的視点および社会福祉学的視点から、家事調停の調整的機能について特にその技法を深化させている。その根底には、離婚事件、それに伴う子の監護事件の当事者および子どもの人間関係に対する深い洞察があり、人間の「こころをつなぐ」視点に立って、家事事件手続法に基づく家事調停制度の基本的理念を前提にした司法型ADRとしての家事

調停技法を目指している。

　しかも、飯田氏は、調停技術は当事者とのコミュニケーションの中においてしか発揮できないという考えの下、当事者に向き合う姿勢や当事者の心に近づく技法等を具体的かつ丁寧に説き起こしている。これは、調停委員のみならず弁護士も含め家事事件にかかわる法律実務家に求められる基本的スキルであり、本書を通して多くの学びと気づきが得られる。

　家事事件にかかわる法律実務家は、法律的素養のみならず、家事事件固有の問題として、行動科学的視点に対する理解が求められる。家事調停事件の中でも、離婚事件、子の監護関連事件については、特に行動科学的知見に対する理解が不可欠であり、行動科学の側には法律的知見を理解する能力が求められる。子の監護関連事件における子の意思の把握と理解においては、子の意思の尊重の制度趣旨とともに、子の意思に関する行動科学的知見に対する理解により子の利益の現実化が左右される。ドイツ法では、家事事件専門弁護士制度を採用している（専門弁護士法2条）ことも示唆的である。

　家事調停は、調停委員会、調停に関与する家庭裁判所調査官のみならず、手続代理人として関与する弁護士の専門性の質が調停プロセスの質に連動し、その内容が調停結果の質を形成する関係にある。また、当事者の代理人弁護士の専門性と調停に対する理解も重要である。

　離婚紛争は、当事者も疲弊し、成長過程にある子どもの人格形成にもろに関係する。そのため、何よりも紛争の早期に、当事者の自己決定による家事調停により自分の人生を自分で選択する機会を確保することが求められる。紛争の長期化は、当事者を必要以上に対立防御の場面に追い込む可能性があり、早期の適切な当事者支援、家事調停により、父子、母子、父母関係の回復を目指すべきであろう。

　本書の基本的調整技法は家事事件手続法による新しい家事調停における調停技法として、一つの問題提起であり、調停委員のみならず当事者代理人として関与する弁護士にとっても大いに参考になるものと思われる。さらに、適切な調停技法によって離婚紛争渦中の当事者の疲弊、混乱を父母関係の再

生に転換させ、「子の最善の利益」の現実化につながることを期待したい。
　離婚事件および、関連する子の監護事件について、家事調停制度が本来の制度目的を果たし、「子の最善の利益」の現実化が保障されることを願うものである。
　平成29年3月

は し が き
――家事（離婚）調停の実践技術と実践の科学――

　本書は、平成20年2月に発刊された拙著『こころを読む実践家事調停学〔改訂増補版〕』を全面改訂したものです。と同時に、私の約15年にわたる家事調停および調停・ADRの取組みと研究の成果をまとめたものです。

　『こころを読む実践家事調停学〔改訂増補版〕』は発刊から9年が経過しました。この間、家事調停の分野においては、平成25年1月に家事事件手続法が施行されて手続整備が図られ、家事調停は新たな時代に入りました。また、家事事件に関しては、子の監護関連事件の申立件数がこの10年で急増し、その対応が家庭裁判所の大きな課題になっています。

　このような家事調停および家事事件をめぐる状況の中にあって、現代の家事調停事件に対応するため、『こころを読む実践家事調停学〔改訂増補版〕』を一新することにしました。

　私は長年家事（離婚）調停の技術について研究してきましたが、調停技術に関しては、調停における一つひとつの動きを"意味あるものにすること"が「調停技術の専門性」であると考えてきました。そこで、調停における動きや流れをよく観察し、そこでの活動を科学的なものにするため、エビデンス（科学的根拠）を求める作業を続けてきました。本書は、このような研究と実践と思索の積み重ねの上に誕生したものです。

　そこにおいては、心理学、社会学、教育学、臨床心理学などの人間関係諸科学に加えて、私がこれまで学んだ自主交渉援助型調停、ハーバード流交渉術、コーチング、マイクロカウンセリング、親業・教師学、医療メディエーション、コミュニュオン、アクティブ・リスニングなどの知見と技術がふんだんに活用されています。

　また、私は近年ソーシャルワークを学んでいますが、ソーシャルワークとは「社会援助のことで、人々が生活していくうえでの問題を解決なり緩和することで、質の高い生活（QOL）を支援し、個人のウェルビーイングの状態

を高めることを目指していくこと」とされ（平成15年日本学術会議・社会福祉・社会保障研究連絡委員会報告）、そこにおいては人と環境にはたらきかけ、人間関係に問題があれば人間関係を調整したりしながら、人々がよりよく生きられるように援助をしていきます。

　このようなソーシャルワークの理念とその援助技術は、家事調停におけるそれとほとんど同じです。私はこのことに気づきたいへん驚く一方で、ソーシャルワークの知見や技術の取り入れにより、私の実践家事調停学はさらに体系化を図ることができるうえ、調停技術に関しても幅と厚みが増し、専門性を一層高めることができると考えました。

　そこで、『こころを読む実践家事調停学〔改訂増補版〕』の改訂に際して、ソーシャルワークの知見と技術を取り入れることとしました。このようにして本書の構成と内容が大幅に変わることになったため、改訂ではなく、新しい書籍としてまとめることとしました。

　ソーシャルワークの取り入れは、前著『離婚調停の技術』においても行っています。『離婚調停の技術』はどちらかといえばより本質的で、より一般的な事柄について述べた書籍であり、一方、本書は当事者および調停担当者の動きと調停における流れの一つひとつについて検討と分析を加えたもので、より具体的で、より実際的・実践的な内容になっています。

　前著『離婚調停の技術』と本書とは姉妹本の関係にあります。ですから、『離婚調停の技術』の中で詳しく説明している事柄については、本書は同書を参照するかたちになっています。『離婚調停の技術』もあわせてお読みいただくと、家事（離婚）調停の技術を一層深く学ぶことができます。

　本書は、序および4章で構成されています。序では調停技術についての検討を行い、「調停技術とは何か?」、また、「調停技術の専門性とはどういうことか?」について説明しました。

　第1章では「家事（離婚）調停の場」に焦点を当て、"ツールとしての調停担当者"が身に付けておくべき事柄やあり方について説明しました。

　第2章では、家事（離婚）調停に臨むにあたって必要となる基本技術につ

いて——つまり、記録を読む、話を聴く、話を理解する、観察と質問の方法、判断の仕方、留意点、合意の獲得法などについて、一つひとつ取り上げ詳しく説明しています。

　第3章では家事調停を初期、中期、終期に分け、各段階における調停担当者の進め方や取組み方について説明するとともに、調停担当者が特に留意すべき事柄について述べました。また、家事事件を解決していく調停技法と問題解決の仕方についても説明したほか、現在最も解決が困難とされる子の監護関連事件について——とりわけ、面会交流事件について、その解決の考え方と調停担当者が果たすべき役割について説明しました。

　第4章では調停担当者の専門性の問題を取り上げ、調停担当者に求められる能力と条件、調停技術を向上させる方法について説明しました。さらに、家事調停のサービス性について検討を加え、サービス・マネジメントの視点から家事調停を分析するとともに、サービス提供者としての調停担当者の役割についても説明しました。

　本書は家事（離婚）調停の技術について長年研究を重ね、そこで技術を開発してきた私の実践の記録であり、実践の科学です。

　家事事件および家事（離婚）調停に携わっている方々や弁護士の方々、また、他のADR関係者や研究者の方々、そして、家事（離婚）調停に興味と関心を寄せておられる方々のご参考になれば幸いです。そして、本書が家事（離婚）事件の解決に一役買うことができ、当事者の幸福追求（ウェルビーイング）のお手伝いができればと願っています。

　平成29年4月

飯　田　邦　男

『こころをつなぐ 離婚調停の実践』
目　次

序　家事調停の技術

1　調停技術とは何か ……………………………………………………1
　(1)　ツールと技術 ……………………………………………………1
　〈図表1〉　大工の技術 ………………………………………………1
　(2)　調停技術における「ツール」…………………………………2
　〈図表2〉　調停技術の一体化の図 …………………………………2
　(3)　技術における留意点 ……………………………………………3
2　調停技術の専門性 ……………………………………………………4
　(1)　専門性をもつ自己 ………………………………………………4
　〈図表3〉　調停担当者の専門性の階層構造 ………………………4
　(2)　調停活動に対する社会の承認 …………………………………5
　〈図表4〉　調停活動に対する社会の承認の図 ……………………6

第1章　家事（離婚）調停の場

Ⅰ　調停の「場」……………………………………………………………8
　1　話合いの「場」……………………………………………………8
　　(1)　場　面 …………………………………………………………8
　　(2)　場　所 …………………………………………………………8
　　(3)　時　間 …………………………………………………………9
　2　話合いの枠 ………………………………………………………10
　　(1)　特殊な空間 ……………………………………………………10

(2)　話合いの進め方とルール ……………………………………10

Ⅱ　当事者と向き合う姿勢 …………………………………………11

1　調停に臨む姿勢 ………………………………………………11
　(1)　服装、身だしなみ ……………………………………………11
　(2)　姿勢、位置 ……………………………………………………12
　(3)　顔の表情 ………………………………………………………13
2　聴く姿勢 ………………………………………………………13
　(1)　アイコンタクト ………………………………………………13
　〈図表5〉　アイコンタクトを避ける理由 ………………………14
　(2)　身体言語 ………………………………………………………14
　(3)　ペーシング ……………………………………………………15
3　言葉と声 ………………………………………………………16
　(1)　「声」「声の調子」「周辺言語」 ……………………………16
　〈図表6〉　声のイメージ …………………………………………17
　〈図表7〉　声とイメージの関係 …………………………………18
　(2)　言葉づかい ……………………………………………………19

Ⅲ　当事者に近づく方法 ……………………………………………21

1　こころに近づく ………………………………………………21
　(1)　謙虚な姿勢 ……………………………………………………21
　(2)　言語的追跡 ……………………………………………………21
　(3)　マインドフル・リーディング ………………………………24
2　話の応答 ………………………………………………………25
　(1)　小さな報酬 ……………………………………………………25
　(2)　「ほう」 ………………………………………………………25
　(3)　「相づち」と「うなずき」 …………………………………26
3　沈　黙 …………………………………………………………27

(1)　「沈黙」の意味 …………………………………………………27
　〈図表8〉　沈黙の意味 ………………………………………………28
　(2)　「沈黙」との向き合い方 …………………………………………28
4　感情に近づく ……………………………………………………28
　(1)　感情の反射 ………………………………………………………29
　(2)　「感情の反射」の例 ………………………………………………29

第2章　家事（離婚）調停に臨む

Ⅰ　記録を読む ………………………………………………………32
1　申立書の特徴 ……………………………………………………32
　(1)　少ない情報 ………………………………………………………32
　(2)　多様な記載 ………………………………………………………32
　(3)　「書かれている情報」と「書かれていない情報」 ………………33
　(4)　内容は「信じてもいい」が「信じてはいけない」 ……………33
2　申立書を読む ……………………………………………………34
　(1)　基本的な事実を押さえる ………………………………………34
　〈図表9〉　家族関係図 ………………………………………………35
　(2)　「書かれている情報」を読む ……………………………………35
　(3)　「書かれていない情報」を読む …………………………………37
　(4)　事件や当事者のイメージと見立て ……………………………38
　【書式1】　夫婦関係等調整調停申立書 ……………………………40
　【書式2】　事情説明書（夫婦関係調整）（東京家庭裁判所）………42
　【書式3】　子についての事情説明書（東京家庭裁判所）…………43
　【書式4】　進行に関する照会回答書（申立人用）（東京家庭裁判所）………44

9

Ⅱ 話を聴く ……………………………………………………………45

1 当事者の話の特徴 ………………………………………………45
2 話を聴くために …………………………………………………46
⑴ 「聞く」と「聴く」 ……………………………………………46
〈図表10〉「聞く」と「聴く」の図 ……………………………46
⑵ 話を聴くポイント ……………………………………………47
⑶ 「主張」と「事実」の理解 …………………………………48
〈図表11〉「主張」（行動）の現れ方 …………………………48
〈図表12〉「主張」（行動）のとらえ方 ………………………48
3 話をより深く聴く ………………………………………………50
⑴ 傾聴する ………………………………………………………50
⑵ 留意すべき点 …………………………………………………52
4 「秘密」の扱い …………………………………………………55
⑴ 「告白」「打ち明け」は「信頼」という「贈り物」…………55
⑵ 「贈り物」には「責任」が伴う ……………………………56
⑶ ジョハリの窓 …………………………………………………56
〈図表13〉 ジョハリの窓 ………………………………………57

Ⅲ 話を理解する……………………………………………………58

1 「よく聴く」だけでは不十分 …………………………………58
⑴ 「話の聴き方」をめぐる問題 ………………………………58
⑵ 話は「わかる」ことが大事 …………………………………58
2 何を理解するのか ………………………………………………59
⑴ 当事者の話を「そのまま理解する」…………………………59
⑵ 「訴えたいこと」「本当に言いたいこと」を理解する ……60
⑶ 「背景にあるもの」「上位概念」を理解する ………………60

(4)　「見えないもの」を理解する ……………………………61
　　(5)　「文脈」を理解する …………………………………………62

Ⅳ　非言語的メッセージと観察 ……………………………64

1　非言語的コミュニケーション ………………………………64
　(1)　言語的コミュニケーションと非言語的コミュニケーション ……64
　(2)　非言語的メッセージの理解 …………………………………65
2　観　察 ……………………………………………………………65
　(1)　観察の方法 ……………………………………………………65
　(2)　観察による当事者理解 ………………………………………66

Ⅴ　質問をする ……………………………………………………68

1　質問法 ……………………………………………………………68
　(1)　オープン・クエスチョン ……………………………………68
　(2)　クローズド・クエスチョン …………………………………68
　(3)　質問の目的 ……………………………………………………69
2　良い質問をする …………………………………………………70
　(1)　「なぜ？」はなぜいけないのか ………………………………70
　〈図表14〉　普通の質問と対話的質問の例 ………………………71
　(2)　良い質問をする秘訣 …………………………………………71
　(3)　当事者の気持ちに沿う質問 …………………………………71
　(4)　インテリジェンス ……………………………………………73
3　こころに迫る質問 ………………………………………………74
　(1)　「思い」を引き出す ……………………………………………74
　(2)　問題を掘り下げる ……………………………………………75

Ⅵ　当事者との話のやりとり …………………………………76

1　難しい場面でのやりとり ………………………………………76

11

    (1) 相手を非難、攻撃する当事者 ……………………………76
    (2) 調停担当者に食ってかかる当事者 ………………………76
    (3) 聞きにくいことを聞く ……………………………………78
  2 典型的な当事者への対応 …………………………………………78
    (1) 話が止まらない人への対応 ………………………………78
    (2) 納得できない話の受け止め方 ……………………………79
    (3) 避けたい応答パターン ……………………………………80

Ⅶ 判断をする ………………………………………………………81

  1 事実を理解する ……………………………………………………81
    (1) 事実の重要性 ………………………………………………81
    (2) 「主観的事実」と「客観的事実」 …………………………81
    (3) 人は違った世界をみている ………………………………82
  2 事実をめぐる問題 …………………………………………………83
    (1) 事実と出来事 ………………………………………………83
    (2) 争いのある事実 ……………………………………………83
    (3) 話の不透明性 ………………………………………………84
    (4) 嘘と隠蔽 ……………………………………………………85
  3 事実理解の留意点 …………………………………………………85
    (1) 事実の理解 …………………………………………………85
    (2) 中立的立場の問題 …………………………………………86
  4 主張と事実のとらえ方 ……………………………………………87
    (1) 「事実の裏づけのある主張」と「事実の裏づけのない主張」 ……87
    〈図表15〉 事実の裏づけのある主張 ……………………………87
    〈図表16〉 事実の裏づけのない主張 ……………………………87
    (2) 「ケースがわかる」とは …………………………………89
    〈図表17〉 児童虐待事件のケース理解 …………………………89
  5 正当な主張 …………………………………………………………90

(1)　「主張」「根拠」「論拠」 ……………………………………… 90
　　〈図表18〉「議論のモデル」図 ……………………………………… 90
　　(2)　「正当な主張」とは何か ……………………………………… 91
　　〈図表19〉　正当な主張例 ……………………………………………… 91
　　〈図表20〉　正当な主張とはいえない例 ……………………………… 92

Ⅷ　合意をめざす …………………………………………………… 93

　1　説　得 ……………………………………………………………… 93
　　(1)　説得力の三要素 ……………………………………………… 93
　　(2)　エートス ……………………………………………………… 93
　　(3)　ある女性調停委員の「こころがけ」 ……………………… 94
　2　説得する方法 ……………………………………………………… 95
　　(1)　論理の線を引く ……………………………………………… 95
　　(2)　強い「根拠」と「論拠」を示す …………………………… 96
　　〈図表21〉「親権が争われている事件」の説得の構図 …………… 97
　　〈図表22〉　強い「根拠」と「論拠」 ………………………………… 97
　　(3)　「客観的な態度」と「客観的な説明」 …………………… 98

第3章　家事調停に取り組む

Ⅰ　家事調停に向き合う ………………………………………… 100

　1　家事調停の難しさ ……………………………………………… 100
　　(1)　調停の王者 …………………………………………………… 100
　　(2)　進行・運営の難しさ ………………………………………… 101
　　(3)　「判断」の難しさ …………………………………………… 102

2 調停のキーワードのとらえ方 …………………………………103
(1) 「互譲」とは「現実を受け入れること」…………………103
〈図表23〉 対立の構図 ……………………………………103
〈図表24〉 「受け入れ」の構図 ……………………………104
(2) 「条理」とは「誰にとってもそうであるところの考え」………104
(3) 「実情に即して」とは「優先関係の判断」………………104

Ⅱ 調停の進め方 ………………………………………………107

1 当事者とのコミュニケーション ………………………………107
(1) 面接におけるコミュニケーションの基本形 ………………107
〈図表25〉 面接におけるコミュニケーションの基本形の図 ……107
(2) SOLER ……………………………………………………108
(3) ダブルストーリー …………………………………………109

2 「初期」の進め方 ………………………………………………110
(1) 丁寧な説明 …………………………………………………110
(2) 当事者のニーズの見極め …………………………………111
(3) 話をふくらませて聴く ……………………………………113

3 「中期」の進め方 ………………………………………………114
(1) 十分聴く ……………………………………………………114
(2) 「論点」を整理する ………………………………………115
(3) 「争点」のとらえ方 ………………………………………116
(4) 判断の基準 …………………………………………………117

4 「終期」の進め方 ………………………………………………118
(1) 当事者主体 …………………………………………………118
(2) 解決の基準 …………………………………………………119
(3) 共通のニーズ ………………………………………………120

5 調停担当者が気を付けるべきこと …………………………120
(1) 認識の誤り …………………………………………………120

(2)　余計な一言 ·· 121

Ⅲ　調停の技法と問題解決 ·· 124
　1　調停解決の技法 ·· 124
　　(1)　「真実発見＝同意説」 ·· 124
　　〈図表26〉　調停解決案の「受け入れ」「同意」の構図 ················ 125
　　〈図表27〉　「折り合いをつける」（納得）と「合意」の関係 ·········· 126
　　(2)　オプション（選択肢） ······································ 126
　2　その他の技法 ·· 127
　　(1)　協調的交渉モデル ·· 127
　　〈図表28〉　協調的交渉モデルの流れ図 ···························· 128
　　(2)　「教師学」の紛争解決法 ···································· 129
　3　調停における解決 ·· 130
　　(1)　さまざまな解決の仕方 ······································ 130
　　(2)　「事件の解決・終了」と「紛争の解決」 ······················ 130
　4　問題解決の「条件」と「基本原則」 ································ 131
　　(1)　解決の「二つの条件」 ······································ 131
　　(2)　解決の「基本11原則」 ······································ 132

Ⅳ　解決が困難な事件 ·· 134
　1　「難しい事件」に取り組む ·· 134
　　(1)　複雑困難な事件 ·· 134
　　(2)　子どもが関係する事件 ······································ 135
　2　子の監護関連事件 ·· 136
　　(1)　子の監護関連事件をめぐる状況 ······························ 136
　　(2)　子の監護関連事件の固有性 ·································· 136
　　【書式5】　子どもの養育に関する合意書 ·························· 137
　　(3)　良好な親子関係の理解 ······································ 138

3　面会交流事件 ··139
　　　⑴　面会交流事件のとらえ方 ··139
　　　⑵　面会交流の基本認識 ···140
　　　⑶　面会交流におけるプロセス管理 ·····································143
　　　⑷　面会交流の実施 ···143
　　　⑸　調停担当者の役割 ··145
　　　〈図表29〉　面会交流事件における調停担当者の役割 ················145

第4章　調停担当者の専門性

Ⅰ　調停担当者の人間性 ··148

　1　調停担当者に求められるもの ··148
　　⑴　「人間」「人生」「社会生活」の精通者 ···································148
　　⑵　普通の人ではない ···148
　　⑶　学ぶ姿勢 ···149
　2　調停担当者としての条件 ···150
　　⑴　「知識」「技術」「態度」 ···150
　　⑵　「推論」能力 ··151
　　⑶　調停トレーニング ···151
　3　自分を知る ···152
　　⑴　自己覚知 ···152
　　⑵　メタ認知 ···154
　　⑶　すぐれた思考力をもつ人の特性 ···156

Ⅱ　調停技術の向上 ··159

　1　調停技術の学び方 ··159

(1)　求められる「調停技術」…………………………………159
　(2)　「調停の進め方」はなぜ教えられないのか …………160
　〈図表30〉　暗黙知と形式知の比較表 ……………………161
　(3)　「調停方法論」は「調停モデル論」………………………162
 2　何を、どう学ぶか ……………………………………………163
　(1)　調停活動を「科学する」 ……………………………………163
　(2)　経験と学習を「調停にリンクさせる」 ……………………163
　(3)　自分の成功例から学ぶ ……………………………………164

Ⅲ　司法サービス …………………………………………………165

 1　「サービス」提供の時代 ……………………………………165
　(1)　「サービス」とは何か ………………………………………165
　〈図表31〉　サービス・マネジメントの対象領域の図 ………166
　(2)　「サービス」の特性 …………………………………………166
　〈図表32〉　プロフェッショナル・ヒューマンサービスの位置づけ ………167
　(3)　「サービス」の品質 …………………………………………168
　(4)　価格とコスト …………………………………………………170
 2　司法サービスとしての家事調停 …………………………170
　(1)　家事調停のサービス性 ……………………………………170
　(2)　サービス・マネジメントの視点からみる家事調停 ………171
　(3)　サービス提供者の役割 ……………………………………175
　(4)　サービス提供者に求められる能力 ………………………177
 3　家事調停の充実 ……………………………………………178
　(1)　家事調停の質 ………………………………………………178
　(2)　司法サービスにおける調停担当者の専門性と役割 ……180
　〈図表33〉　司法サービスにおける調停担当者の専門性と役割 ………181
　(3)　調停担当者のタイプ ………………………………………181
　〈図表34〉　家事調停担当者の専門性の四つのタイプ ……182

あとがき ……………………………………………………183

・引用文献 ……………………………………………………188
・著者略歴 ……………………………………………………193

家事調停の技術

　家事調停では調停技術が重要なものになります。調停技術については、前著『離婚調停の技術』の中でも詳しく説明しましたが、その一部を紹介します。前著をご理解いただいている方は、ここは読み飛ばして第１章からお読みください。

　なお、本書においては、家事（離婚）調停に携わる方々について、便宜上一括して「調停担当者」と呼ぶことにします。

1　調停技術とは何か

(1)　ツールと技術

　調停技術についてわかりやすく説明するため、ここでは、大工さんの技術と比較しながら考えてみることにします。この考え方は、私がソーシャルワークを学んだ江戸川大学総合福祉専門学校の授業で、担当の小林恵一先生から教えていただいたものです。

　大工さんの仕事は家を建てることです。その技術の一つに、木を正確に切るという技術が求められます。その場合、技術は〈図表１〉のように説明できます。

〈図表１〉　大工の技術

　これをみてもわかるように、技術が発揮されるにはツール（のこぎり）が

必要になります。つまり、技術はツールと一体になっており、ツールなくして技術は発揮されません。ですから、大工さんにはツール（のこぎり）が必要になるのです。

また、一般に、良い技術をもつには良いツールが必要とされます。そのため、プロになればなるほど最高の技術は最高のツールによって発揮されることになるので、プロにとって一番大事なのはツールということになります。

(2) 調停技術における「ツール」

では、調停技術の場合、ツールは何になるのでしょうか。調停技術においては、〈図表2〉のように自分の中に調停技術とツールとが一体化して含まれていることです。

〈図表2〉 調停技術の一体化の図

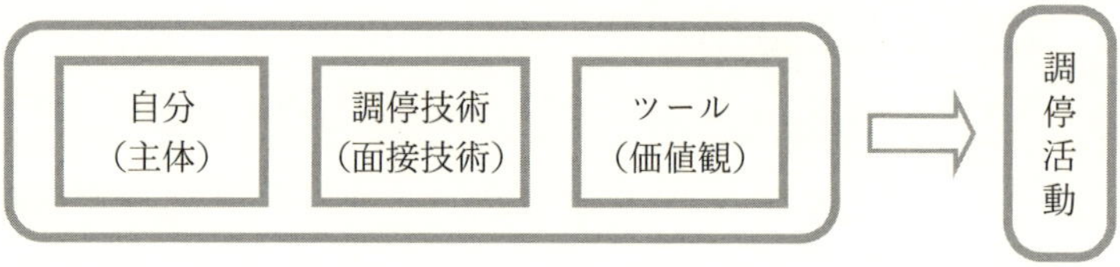

```
┌──────────────────────────────────┐
│  自分      調停技術      ツール   │ ⇒  調停活動
│ （主体）  （面接技術）  （価値観） │
└──────────────────────────────────┘
```

ここでは、ツールは自分自身（価値観・考え）になります。自分自身（価値観・考え）がツールであり、また武器になるのです。そのため、調停技術は自分自身（価値観・考え）と密接不可分な関係にあり、ツールとしての自分自身（価値観・考え）から離れられない運命にあります。

たとえば、大工さんの技術では、どのような思想・信条や主義・主張をもっていようと技術にはほとんど関係しませんが、調停技術においては、調停担当者が「夫婦は子どものために離婚すべきではない」という考えの持ち主である場合には、その考えや価値観は調停技術にも反映されていきます。

また、調停で実際に目にする例としては、たとえば調停担当者の中には、自分の成功体験を当事者に対して語るような方がいます。あるいはまた、調停手続に明るい調停担当者の中には、調停手続に関する説明を当事者に対して長々とするような方がいます。

これらの方々にとっては、成功体験や調停手続に関する知識が自分のツールであるため、どの当事者に対しても自分のツールを活用しがちなのです。

　また、調停技術は当事者とのコミュニケーションの中で展開されていきます。調停技術は当事者と向き合い、当事者とのコミュニケーションの中においてしか、その技術を発揮することができません。

　このように、調停技術においては自分自身（価値観・考え）がツールでありまた武器になるのですから、調停技術を磨いていくには、自分自身を磨かなければいけないということになります。

(3) 技術における留意点

　ここで、技術ないしスキルについて考えてみると、スキルの本質的な要素は、「ある目標を達成するために効果的な一連の選択をし、それを実行する能力」とされています。ここでのポイントは、それがさまざまな中から選ばれる合目的的な一連の選択であること、一連の選択の中には思考、感情、行動が含まれており、それを実行できることであるといいます[1]。

　また、スキルにおいては、スキルの獲得と維持とは区別され、スキルを上達させるということは、「低いレベルに留まっているスキルを、現在及び将来において望ましいと考えられる方向に変えること」、また、獲得したスキルを維持するには努力が必要で、「ただ毎日実践あるのみ」とされています[1]。

　一方、失敗学を創始した畑村洋太郎東京大学名誉教授は、技術における留意点として、技術がいったん知識化されるとそれを固定化したものとして考えがちだが、それは間違いで、「技術は絶えず変化する」ことを意識する必要があると述べています[2]。

　したがって、技術を考える場合には、まず技術の獲得をめざし、次に獲得した技術を維持するために日々実践や努力を続け、また技術は絶えず変化することを意識して、レベルアップやブラッシュアップをはかる必要があるということになります。

2　調停技術の専門性

(1)　専門性をもつ自己

　調停担当者は、調停に関して専門性をもつ必要があります。高野耕一元判事は、調停委員について、「その困難な仕事に従事している以上、目指すは『調停委員としてのプロ』でなければなりません」と述べています[3]。では、調停担当者の専門性とはいったいどういうものなのでしょうか。

　家事調停の基盤には、「個人の尊厳（の保持）」「社会正義」「両性の本質的平等」「家庭の平和」「健全な親族共同生活の維持」「子の最善の利益」といった価値があります（『離婚調停の技術』130〜132頁参照）。調停担当者はこれらの価値を理解し、これらの価値を自分の中に内在化して行動基準とすることが必要です。

　調停担当者の専門性を考えた場合、この価値の上に、家事調停で求められまた必要とされる「知識」と「技術・方法・態度」が積み重なる階層構造になります。これを示したのが〈図表3〉です。

〈図表3〉　調停担当者の専門性の階層構造

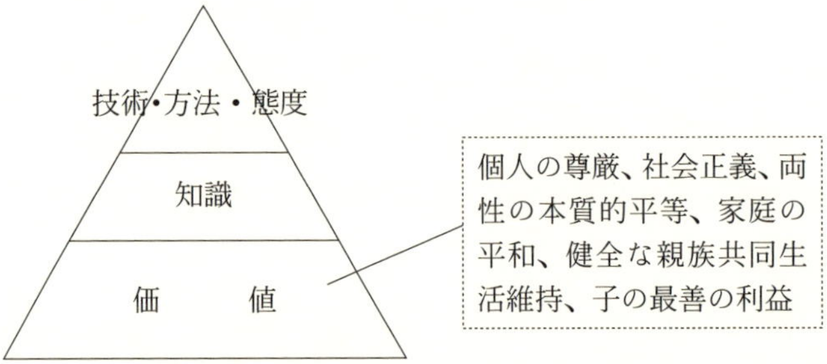

（ピラミッド図：上から「技術・方法・態度」「知識」「価　値」／注記：個人の尊厳、社会正義、両性の本質的平等、家庭の平和、健全な親族共同生活維持、子の最善の利益）

　ところで、沼邉愛一元判事は、家事調停委員に必要な能力として、①事実を客観的にとらえていく力、②当事者に対する面接の技術、③調停判断に必要な最小限度の法律知識、④人間関係諸科学の理解と活用、⑤調整・説得の能力をあげていますが[4]、これらは、この図表の中の「知識」と「技術・

方法・態度」の枠内に入ることになります。

　調停担当者の研修では「調停のプロ」が目指されていますが、その専門性についてはこれまで深く検討されてきませんでした。そのため、専門性についてしっかりととらえることができなかったのではないかと思います。

　しかし、〈図表3〉のように価値を基盤とし、その上に知識と技術・方法・態度が乗る階層構造ととらえることによって、調停担当者の専門性がはっきりとわかり、そこから何を身に付けなければいけないかがみえてきます。

　そして、これらを身に付けることにより、調停担当者は「調停のプロ」になることができるものと私は考えます。それは、とりもなおさず、「専門性をもつ自己」（専門的自己）になるということです。

(2)　調停活動に対する社会の承認

　では、調停担当者はなぜ専門性をもつ自己（専門的自己）になる必要があるのでしょうか。それは前にも説明しましたが、調停技術においては「自分」（主体）と「調停技術」と「ツール」（価値観・考え）とが一体化していて、すべて自分自身の中にあるからです。

　そのため、「価値」を基盤とし、「知識」と「技術・方法・態度」が合わさったところの"一体化した自己"になることが求められるのです。

　また、専門性をもつ自己（専門的自己）については、自分が納得しているだけではダメです。そのことを、社会や当事者（国民）にも認めてもらう必要があります。そして、このような専門性をもつ自己（専門的自己）である調停担当者に対しては、社会も当事者（国民）も高い信頼を寄せてくるはずです。

　これを別の視点からみると、専門性をもつ自己（専門的自己）である調停担当者に対しては、社会および裁判所は調停活動を行う権限を委任する格好になります。これを図示したのが〈図表4〉です。

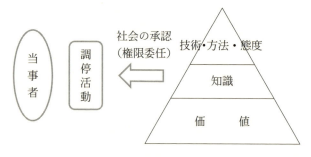

〈図表4〉 調停活動に対する社会の承認の図

　ですから、調停担当者は家事調停の価値を内在化し、必要な知識と技術・方法・態度を身に付けたところの専門性をもつ自己（専門的自己）になる必要があり、そのことによって、初めて「調停のプロ」として社会や当事者から承認されるのです。

第1章

家事（離婚）調停の場

調停の「場」

1　話合いの「場」

(1) 場　面

　金田一春彦氏は、話の行われる場所・情況・雰囲気を指して〈場面〉と呼び、それは「話し手と聞き手を取り巻く環境の総和」で、話をするにあたっては〈場面〉を計算に入れなければならず、また、話し言葉は時間の制限を受けると述べています[5]。

　調停の話合いにおいても、場所・情況・雰囲気は大事です。調停でも場面を頭に入れ、また時間を計算に入れておく必要があります。

(2) 場　所

　医療においては、医療機関の建物、待合室、診察室といった場所そのものが、そこで行われる医療行為のコンテクストをつくり出す重要な要素とされています。

　建物の薄暗さや汚さや清潔さ、待合室や診察室の配色や椅子、机の配置、しきりの有無などすべてが患者の気分や面接の雰囲気に影響を与え、医療面接を行う部屋は静かでプライバシーが保て、誰かが急に入ってくることで会話が妨げられることのないところが望ましく、医師と患者が一対一で落ちついて話せる部屋の確保が必要とされています[6]。

　家事調停においても場所（調停室）は重要です。調停室の中には、絵を飾ったり、観葉植物が置いてある部屋もありますが、一般にはテーブルと椅子と電話だけがほとんどです。また、私が勤務した庁の中には、調停室の声が壁越しに隣の待合室に聞こえてしまうような所もあり、プライバシー保護の観点から問題であると思いました（その後、待合室は移動しました）。

　ある女性当事者は待合室で待っているときの様子について、「待合室での

時間が辛かった。音楽も流れていないし、本当に何もないところで、クーラーだけが冷たく、二度と来たくない所だと思った」と述べています[7]。

　当事者はこのような声をめったに上げません。それだけに、当事者にとって落ち着ける部屋とはどういうものか、家庭裁判所および調停担当者は一度考えてみる必要があるように思います。

　ソーシャルワークでは、面接の行われる場所の条件として、①精神的安定感を与える場所であること、②秘密が守られる確信が得られること、③雑音がなく、温度調整ができており、落ち着きのある雰囲気があるなど面接に集中しやすいこと、④人の出入りや電話がかかってくることなどがなく、面接が中断されないことがあげられています[8]。

　(3)　時　間

　時間は、調停では重要なファクターです。調停では計画を立て、見通しをもって進めていくことがよいとはされているものの、予定どおりに進むことはほとんどありません。

　医療面接においては、患者と会う時間帯も微妙に面接の雰囲気に影響し、食事の時間帯や消灯の時間が迫っているような時間帯では落ち着いて話ができないうえ、ガン告知などの深刻な面接の場合には、患者の一番気分が良さそうな時間帯を選んだり、面接後家族と時間を過ごせるような時間帯を設定したりなどの配慮が必要とされています[6]。しかし、家事調停では、医療面接のようなきめの細かい配慮はできません。

　家事調停の実施時間は、一般に2時間から3時間程度です。別席調停では、個々の当事者から話を聞ける時間はせいぜい1時間から1時間半程度です。

　ところで、私の経験では、調停の時間が限られているとどうしても時間に注意がとられてしまい、調停進行に焦りが生じたり、じっくり話が聞けないことが多かったように思います。

　家事調停は、一般にシビアな時間の枠の中で行わなければなりません。そのような状況下でも充実した調停とするには、短時間で当事者との信頼関係を築き、当事者の主張やニーズを傾聴し、ケースの核心や解決のポイントを

的確につかむ技術が必要になります。これらは、かなり高度な技術にあたるものと思われます

2　話合いの枠

(1)　特殊な空間

　家事調停は限られた時間と空間の中で行われます。当事者は家庭裁判所の利用が初回である場合が多いうえ、日ごろ接することのない裁判官や調停委員とも初めて対面します。ですから、当事者は不安と緊張と気疲れをかなり覚えているはずです。

　調停の日時や進め方は、調停の開廷日と調停委員会の方針や予定の下で決められます。当事者は希望や意見を述べることはできますが、進め方については主体的に決めることはできません。

　話合いのスタイルは、調停委員会が当事者双方から別々に事情を聴く別席調停が一般的です。同席調停も一部行われていますが、主流は別席調停です。

(2)　話合いの進め方とルール

　家事調停は家事事件手続法に基づいて進められます。一方、家事調停の話合いは、①問題点の探知、②調停判断（調停案の策定・提示）、③調停合意の形成といった「定式」に従って進められます（『離婚調停の技術』36～37頁参照）。

　そして、そこにおいては、当事者が「調停で解決したい」あるいは「調停で冷静に話ができる」ということが基準であり条件になります。

　ときどき勝手なことを一方的に話す当事者がいますが、冷静に話合いができないのであれば、それは調停にはそぐわない当事者であり、調停での話合いは難しいということになります。

　調停の話合いに厳密なルールはありませんが、話合いの"限界"がある意味で話合いの基準でもあります。ですから、冷静に話ができず調停の場や雰囲気を壊すような当事者は、調停での話合いは無理ということになります。

当事者と向き合う姿勢

　調停技術においては、調停担当者自身がツールであると序で述べました。ですから、調停担当者は、自分を「最強のツール」にしていくことが求められます。

1　調停に臨む姿勢

(1)　服装、身だしなみ

　調停担当者は服装にも注意を払う必要があります。アメリカの調停の教科書には、「服装は、調停人にとっても大切で、当事者に受け入れられるかどうか、信用されるかどうかを左右する」と書かれているそうです。

　そして、実際にあった例として、ある高校で起きた紛争の調停を依頼された調停人が、ジーンズと柄シャツという格好で争っている生徒たちの所へ聞きとりに行ったところ、その服装は生徒たちとの「差」をなくすことには効果的であったが、依頼人と面談したときはまったくの逆効果で、専門職としての調停とラフな服装とは一致しなかったといいます[9]。

　医療においても、医師の服装や身だしなみは重要な役割を果たすとされています。そして、一般に患者は医師に対して清潔で信頼できる存在であってほしいという期待を抱いており、この期待を裏切るような服装や身だしなみ（たとえば、ぼさぼさの髭）のままの面接は、最初から大きなハンディキャップを背負うことになるため、初心者のうちは標準的、常識的な服装や身だしなみで患者に臨むことが無難であるとされています[6]。

　調停担当者はきちんとした身なりの方がほとんどで、私が問題を感じたことは一度もありませんでした。ただ、一つだけ気になったことがあります。それは臭いです（たとえば、強いタバコ臭）。当事者もおそらく同じような思い

でいたのではないでしょうか。

　(2)　姿勢、位置

　話を聞く際には、開いた姿勢とリラックスした姿勢が好ましいとされています。リラックスした姿勢とは、気分的にリラックスしていることで、相手の話を聞く態勢にあるというメッセージを伝えることです。

　もし、聞き手が緊張しピリピリした様子で座っていたら、「十分聞く態勢にはない」と話し手は無意識のうちに感じるといいます。

　体は軽く前傾姿勢をとります。体を軽く前に傾ければ話し手を励ますことになり、威圧感を与えないで済むので、特に人間関係が始まったばかりのときは、この姿勢が必要とされています[1]。

　また、医療面接では、対面して話を聞くか、横に座るか、背を向けて聞くかによって話しやすさが変わり、患者との椅子の距離がかなり離れている場合は親密な感じの面接にはなりにくく、物理的な距離は心理的な距離を表すとされています[6]。

　調停の席で、調停担当者によく見られる姿勢の一つに腕組みがあります。この腕組みは、当事者にどのような印象を与えているのでしょうか。

　動物行動学者ディズモンド・モリスは、人は物理的障壁の陰に隠れると安心し、最もよく知られている〈障壁信号〉の形は〈身体交差〉で、最も好んで用いられる身体交差は「胸の前で両腕を組み合わせる腕組み」で、この姿勢は「無意識に、『これ以上近づくな』というメッセージを送っており、人が大勢集まったところではよく用いられる」と説明しています[10]。

　また、パフォーマンス学の佐藤綾子日本大学教授によると、姿勢（ポスチャ）には大きく分けると、①遺伝的要素、②生理学的要素（たとえば猫背）、③心理学的要素（失敗続きで打ちひしがれて背を丸め、うつむいて座っているときの姿勢）があり、大人の姿勢は身体的成熟と精神的成熟の二つが伴った総合体で、一人前の成人はピンと背筋を伸ばし、堂々と首を上げ、正しい立ち姿勢を保つことが大切で、初対面で会ったその瞬間からその人がどのような姿勢の持ち主かは目で見て明らかで、それが身体的にも精神的にも他者からの信

任を得る第一の条件であるといっても過言ではないといいます[11]。

　自分の姿勢やその影響は自分ではなかなかわからないものですが、ここでの内容を踏まえ、こころがけだけはしておきたいものです。

　(3) 顔の表情

　佐藤綾子教授は「第一印象は顔で決まる」とし、表情効果の大切さを述べています。そして、人の表情の主なものは、驚き・恐怖・嫌悪・怒り・幸福・悲しみの六表情で、こうした表情の意味を正確に知って使うことが役に立つと説明しています。

　また佐藤綾子教授は、マレーピアンの調査を参考に日本人について調査した結果、言語8％、声などの周辺言語32％、顔の表情60％で、いずれにしてもある感情を伝えるのに一番大きな役割を果たしているのが顔の表情であり、顔の表情を構成する要素はアイコンタクトとスマイルであると説明しています[11]。

　一方、スマイルは主として快感の表現とされ、そのメリットは、①親しまれる、②相手の警戒心を解く、③相手のやる気を起こすことが挙げられています[11]。このような研究結果を知ると、顔の表情は特に重要なものであることがわかります。

2　聴く姿勢

　(1) アイコンタクト

　アイコンタクトとは視線を合わせることです。鈴木淳子慶應義塾大学教授は、「アイコンタクトがしっかり取られていると、コミュニケーションが十分にできているという充実感が得られやすい」こと、「長すぎるアイコンタクトは相手を不安あるいは不快にさせるのでよくないが、適切な長さのアイコンタクトは必要である」と説明しています。

　そして、面接においては、①面接者が話を熱心に聞いているということを伝えるため、②誠意をもって面接に取り組んでいるという印象を与えるため

に、アイコンタクトは特に重要であると説明しています[12]。

<図表5> アイコンタクトを避ける理由

1	邪魔されずにじっくり考えに集中したい
2	恥ずかしい、気が弱い、気まずい
3	何か隠したいことがある
4	一緒にいたくない
5	相手を嫌っている
6	弱みを見せたくない

鈴木淳子『調査的面接の技法〔第二版〕』（ナカニシヤ出版、2005）128頁から引用

　マイクロカウンセリングにおいても視線は重要とされています。そこでは、「聴いていますよ」というメッセージが、クライエントに伝わるような視線をこころがけることが大切とされています[13]。
　また医療面接では、カルテに書くことに熱中して患者のほうをほとんど向かなかったり、コンピュータの画面ばかり見ているような面接では、患者は「話を真剣に聞いてもらった」という感覚は得られないとされているほか、メモをとる場合は、メモに向ける視線を最低限にして、できるだけ患者に視線を向ける努力が必要とされています[6]。
　話し手としっかりアイコンタクトをとることは、話し手の話をよく聞くためにも、また話し手との関係を良好なものにしていくうえでも、重要なように思います。

　(2)　**身体言語**
　身体言語とは、身ぶり、手ぶり、ちょっとしたしぐさ、癖などで表される非言語的メッセージのことです。たとえば、興味がないときにボールペンをもて遊ぶ、困ったときに頭をかく、緊張しているときに咳払いする、聞きたくない話になると体を遠ざける、話題を変えるときに座り直す、相手の話が長いなと思うと時計をちらりと見る、などの動作のことで、当人はこういっ

た動作を意識していないことが多いといいます[6]。

　マイクロカウンセリングにおいても、人は無意識のうちに身体で相手にメッセージを与えており、眉間にしわを寄せたり、腕を組んだりといった表情や姿勢は、相手に「話してはいけない」、「恐い」といった印象を与えかねないこと、そのため相手が安心して話ができるよう、やや前かがみのリラックスした姿勢や表情でクライアントの話を聴くようにし、そこでは「どうぞ話してください。聴いていますよ」というメッセージが伝わるような表情や姿勢が大切とされています[13]。

　また心理学者R・ネルソン＝ジョーンズも、聞き手にとって大事なことは「何を聞くかではなく、いかに聞くか」であり、たとえ言葉で理解しているメッセージを送っても、①視線を向けていない、②体を後ろに反らしている、③体をねじりながらクライアントの方を向いている、④身体的距離が遠いなどがあると、"下手な聞き方"と評価されてしまうため、報酬を与える上手な聞き手となるにはボディ・メッセージを上手に送ることで、それが非常に重要なスキルになると説明しています[1]。

　身体言語は、調停担当者がなかなか意識しづらいものです。しかし、当事者は、調停担当者のわずかな動きや雰囲気からも"何か"を感じています。そのことも自覚し、当事者に適切なボディメッセージを送れるように意識する必要があります。

　なお、身体言語とも関連しますが、非言語的メッセージや非言語的コミュニケーションについては、第2章Ⅳ（非言語的メッセージと観察）でもう一度取り上げます。

(3) ペーシング

　話を上手に聴く方法に「ペーシング」というものがあります。ペーシングとは話し手の体の動きや息にペースを合わせることで、話し方の速度、リズム、抑揚、声の大きさといったものや、相手の感情や雰囲気に合わせていくことで、こうすることで相手は「よく聞いてもらっていると感じることができる」とされています[14]。

ハーバード流交渉術でも同じことを述べています。ハーバード流交渉術では、「言葉だけでなく、相手の動作にも波長を合わせよ」といい、そこでは「私もあなたと同じよ」という同意のメッセージを送っていることになると説明しています。

　そして、そうしたメッセージの多くは、会話の中身を通してではなく、話をしながらつい出てしまう表面的な仕草を通して伝えられるため、「交渉するときに相手の言葉ばかりに気をとられず、話しているときの動作に気を配ることが大切」で、「相手がゆっくりと話すなら、あなたも話す速度を落とし、相手の話す調子が非常にソフトなら、あなたも声の調子を低くする」のがよく、とにかく目的は波長を合わせることであると説明しています[15]。

　一方、この逆の対応が求められる場合があります。それは相手がかなり興奮しているような場合で、このような場合、聞き手が話し手の姿勢に合わせてしまうとますますエキサイトしてしまいやすいので、聞き手は落着いたペースをとり、ヒートアップしている話し手を落ち着かせていくことが大切とされています。

3　言葉と声

　調停担当者は、自分の言葉や声にも気をつかう必要があります。
(1)　「声」「声の調子」「周辺言語」
　言語聴覚士村上由美氏は、いい声とは「バランスのよい声」で、「呼吸」と「発声」「発音」がバランスよく機能しているといいます。また、説得力のある声は「低く落ち着いた声」が良く、ある程度声の大きさも必要であると説明しています。

　一方、仕事によって声や話し方に癖がついてしまう場合があり、たとえば声に抑揚がなくニュートラルにしゃべったり、自分の意見を入れず客観的に事実を話そうとしたり、声やしゃべり方にこころや感情がこもっていないように見えたり聞こえたりすると、本人にはそのつもりがなくても、聞き手は

「上から見下ろされているような印象を受け」てしまうと述べています[16]。

また佐藤綾子教授は、声はスピーチのツールであり、明快で落ち着いた声は説得力をもち、声の特徴によってさまざまなイメージがつくと説明しています（〈図表6〉参照）。

〈図表6〉 声のイメージ

声	イメージ
高い声	緊張、興奮、神経質、自信のなさ、時として女性らしさ。男性の場合は人工的なイメージ、女性の場合は感情的なイメージ。
低く深い声	一般的に男性的イメージ、強さ、自信、男性の場合には力と大人のイメージ。女性の場合は男性っぽく、誘惑的と思われることもある（たとえばマレーネ・ディトリッヒ）。
ゆっくりして柔らかな声	ビジネスの場合、聞きとりにくくて問題になる場合がある。不確かさや無関心のマイナスイメージもある。
早口で大きな声	男女ともに、感情の強さのバロメーター。ダイナミックで説得力がある。度が過ぎるとよく聞き取れない。
ためらいがちの滑らかでない声	「あー」とか「うー」がよく混じるので、自信のなさや信用のなさを示す。
鼻声	鈍感で非知性的な人間であるというイメージ。男性の場合はプライドとエネルギーの欠乏、女性の場合は鈍くて内向的なイメージ。

佐藤綾子『自分をどう表現するか－パフォーマンス学入門』（講談社現代新書、1995）45頁から引用

そして、話す場合、言葉以外のすべての音声的刺激要因は周辺言語（パラ・ランゲージ）と呼ばれ、そこには声の高低、唇の使い方、リズムのとり方、テンポなどの声の「性状的要素」と、アクセント、声量などの「発声的要素」のすべてが含まれること、そこでのポイントは、①しっかりした声、②はっきりした声、③意味をつかんだイントネーションであると説明しています[11]。

〈図表7〉 声とイメージの関係

声の特徴	女性	男性
低く太い声	男性的 感情をおさえる もの静か	現実的 円熟、洗練 適応力がある
カン高い声	若い、女性的 感情的 ヒステリック	ケンカ好き 頑固
朗々と豊かな声	生き生きとした 社交的、誇り高い 美的センスがある	エネルギッシュ 健康、芸術的 面白い
鼻にかける声	社会的に望ましくない性格	
フラットで硬質な声	男性的 クール 内気	男性的 冷たい 無精
力のないやせた声	セクシー、感受性豊か 感情的、ユーモアがわかる 精神的に未熟	弱々しい
息が混じるような、か弱い声	女性的 きれい、小柄 陽気、のりやすい	若い 芸術家肌

Heinberg,P. Voice training for Speaking and Reading Aloud；佐藤綾子『自分をどう表現するか―パフォーマンス学入門』(講談社現代新書、1995) 201頁より引用

　一方、医療面接においても、言葉づかいや声の調子は発せられる言葉に伴って伝わる重要な「準言語的メッセージ」とされ、医師の場合、医師と患者の関係は対等な人間関係であり、「丁寧なことばづかいをすることは、〈私とあなたとは対等です〉というメタ・メッセージを伝えることになる」といいます。

また、医学専門用語は患者にとっては外国語を聞いているようなもので理解できないので、できる限り一般的な言葉を用いること、「経過」や「不快感」などの言葉も通じないので、〈その後どうなりましたか〉、〈いやな感じはありませんか？〉と言うほうがよいと述べています[6]。

(2) 言葉づかい

　調停では話し言葉が使われていますが、話し言葉には「言葉づかい」の問題があります。特に、「くだけた言葉」や「横柄な言葉」また「こころない言葉」はトラブルのもとになるので注意が必要です。

　作家幸田露伴は言葉づかいについて、「されど身の姿を好くせんことのみを願ひ、言葉を良くせんことを願わざるは、こころ浅く拙し美しき粧面したる女の、良き言葉を使ふたるは、誠にめでたし。賤しく汚らはしく蓮葉なる無教育の言葉使ひたるは、誠に口惜くあさまし」と述べています[17]。

　これを受けて娘幸田文は、「父にいわれました。悪い言葉を使わないのはみずからを守ることなんだ。人さまによく言うばかりじゃなくて、自分をいやしくしないことだ」と語っています[18]。

　話し言葉では、相手との関係を打ち解けたものにするため、「くだけた言葉」や「ざっくばらんな言い方」が用いられることがあります。

　医療面接でも、医師と患者のつきあいが長くなり、互いにざっくばらんな表現や方言などを用いたフランクな会話をするようになることは、必ずしも悪いとはいえないとされています[6]。

　しかし、このような関係には至っていない場合や、初めて出会う当事者に対しては、「くだけた言葉」や「ざっくばらんな言葉」は避けたほうが無難です。

　また、「心ない言葉」にも注意が必要です。マラソン解説者の増田明美氏は、ロサンゼルス五輪女子マラソンで途中棄権した後、走るのが怖くなり、四年間マラソンを走れなかったといいます。

　しかし、途中棄権というコンプレックスを抱えたまま生きていく苦しさから逃れるため、とにかく完走を目指してあるマラソン大会にチャレンジし、

第三集団で走っていたところ、沿道から「増田、お前の時代は終わったんや／」と大きな声の野次が聞こえ、そのためショックで脚が止まり、惨めな気持ちでしばらく歩いたといいます。

　幸い、後ろから走ってきた市民ランナーが「ほら、一緒に行こうよ」と声をかけてくれたため、再び走ることができ、完走することができたといいます[19]。

　作家幸田露伴は、「経験のないことにはひとはみな傲慢だ」と述べていますが[18]、野次を飛ばした人が増田明美氏の挫折体験とその後の苦悩について少しでも知っていたならば、このような言葉が発せられることはなかったでしょう。

　家事調停では、調停担当者が経験したことがないようなつらい出来事やたいへんな思いをされている当事者が少なくありません。

　本来なら経験していない事柄に対しては人は謙虚であるべきなのですが、実際には逆で、経験していないことに対し人は「傲慢な言葉」を使ってしまいやすいのです。

　さらに、「横柄な言葉」にも気をつける必要があります。医師で作家の米山公啓氏は、ある受け持ち患者が若手医師の横柄な態度に腹を立てて相談してきた際、若手医師の心理について次のように説明しています。

　「いろんな意味で自信にあふれているときなんですよ。病棟も自分の天下のように思う危険な時期ですよ」、（患者のことが）「見えないんですよ。こっちは病状の説明を論理的にやっていて、どうしてそれが理解できないのかって思うわけです。理解できない家族が悪い。勉強が足りない、そう思うようになるんです。医者は同じような説明を毎日やっていますから、いやになってるんですよ。そこには、患者の心理とか家族の心なんてものは存在しないんです」[20]。

　家事調停の経験が長くなると、調停担当者は当事者に対して同じ説明を何回もすることになります。このような場合、同じことの繰り返しに飽きてくると、こころのこもった説明にはなりにくくなります。

当事者に近づく方法

1 こころに近づく

(1) 謙虚な姿勢

　関岡直樹元水戸家庭裁判所家事調停委員は、当事者に対しては「心からの発言でないと説得力をもたない」こと、また調停委員は社会的地位の高い人が多いが、「社会的地位が高い分だけ、どろどろした現場から離れているのではなかろうか」と疑問を投げかけ、離婚などの家事事件を自分で経験している調停委員は少ないだろうから、「事件の核心部分は調停委員にとって体験していないことが多い」と述べています[21]。

　たしかに、離婚調停を経験している調停委員はほとんどみかけません。離婚に関する法律や離婚する際の取決め事項については詳しく知っていても、実感としての離婚や実体験としての離婚紛争を経験している人は、調停委員の中にはほとんどいないでしょう。

　國分康孝東京成徳大学名誉教授は、「知ありて解（げ）なきは慢心を生ず」という古語をとりあげ、「体験のないことを得々と知ったかぶりで話すから自信がない」のであって、「自信のある人とは自分の体験をもとに、それを少しでも原理化して話そうとしている人である」と述べています[22]。

　自分が経験していない事柄や自分の理解を超えている事柄に関しては、謙虚な姿勢で臨み、当事者の話に素直に耳を傾けることが大切です。

(2) 言語的追跡

　言語的追跡とは、相手の話についていく態度のことです。医療面接においては、医師のほうから唐突に話題を飛躍させたり、相手が十分に話していないうちに一方的にコメントしたりしないという態度で示されることで、これは「傾聴」の基本となる態度とされています[6]。

また、マイクロカウンセリングにおいても、相手の話をよく聴き、相手が直前に話したことや少し前に話したことにしっかりついていくことが大切とされ、初心者は相手が話している間、聴くことよりも次に何を言おうかと考えてしまいがちで、それでは相手が話そうとする話題を変えてしまうことになりかねないといいます[13]。

　説明だけでは理解しにくいので、ここでは言語的追跡を「していない」例と「している」例を、医療面接の例から引用することにします。

【例1】　言語的追跡をしていない例

〈おはようございます。具合はいかがですか〉
「先生、どうも調子よくないです。ご飯もあまり食べれないんです。だんだん体が弱って来るような気がします」
〈そんな弱気なことを言ってはいけませんよ。病は気からというでしょ。頑張ってたくさん食べないと、治るものも治りませんよ〉
「・・・・・」

斎藤清二『はじめての医療面接』（医学書院、2000）29頁より引用

　ここでは、医師は話を聞き続けることをせず、自分の意見をコメントしています（しかも批判的な）が、その中には〈そんなことを言ってはいけない〉というメッセージが含まれているため、医師は励ましのつもりでいても、実際には話そうとする患者の勇気をくじいてしまうのだといいます[6]。

【例2】　言語的追跡をしている例

〈おはようございます。具合はいかがですか〉
「先生、どうも調子よくないです。ご飯もあまり食べれないんです」
〈そうですか。あまり食べられないんですね〉
「なんだか、だんだんこのまま体が弱っていってしまうんじゃないか

と・・・」
〈だんだんと弱っていくような、そんな気がするんですね〉
「そうなんですよ。もう、このまま良くならないんじゃないかなんて思ったりするんですよね」
〈なるほど〉
「そう考えると、いや〜になりますね」
〈気持ちがすごく落ち込んでしまう〉
「そうなんですよ」
〈(沈黙)・・・〉
「先生、じつは来月、娘の結納なんですよね」
〈ああ、そうなんですか〉
「一人娘なんでね、なんとかそれまでには、少しは良くなりたいと思います」
〈そうですね、それまでに良くなるといいですね〉
「はい、結局は気の持ちようかなぁとも思うんですよ。時々は気分のいい時もありますしね」
〈がんばってみようという気にもなると・・・〉
「そうなんです。もうすこしがんばってみようと思います」

斎藤清二『はじめての医療面接』(医学書院、2000) 30頁より引用

　ここでは、医師は安易に慰めの言葉をかけたり、患者の気持ちを無理に明るくしようとすることは一切せず、患者の苦しい気持ちにどこまでもついていこうとしていますが、このような医師の姿勢は、患者にとっては苦しみを共に背負ってくれる者の存在を感じることになり、患者の苦しみが底を打ったとき、患者の心の中に前向きのイメージ(娘の結納)が自発的に浮かび上がり、会話は明るい雰囲気を取り戻すのだといいます[6]。
　言語的追跡は調停で必要となる傾聴技法ですが、実際に使えるようになる

には経験を積む必要があります。

(3) マインドフル・リーディング

　話し手の説明やメッセージを正しく理解することに関しては、謙虚にそして慎重にすることが大切です。

　というのは、私は家庭裁判所調査官としてたくさんの当事者や少年たちから話を聴いてきましたが、私の理解や判断は最終的には違っていたという場合少なくなく、自分の理解や判断というのは「当てにならないもの」であることがわかったからです。

　佐藤綾子教授は、相手の発信するメッセージの読み取りに際しては、精いっぱいマインドフルになることが大切であると述べています。そして、メッセージの読み取りに失敗しないためには、以下の点に気を付ける必要があると説明しています。

① 私たちが相手の心的状態、つまり態度、思想、感情などを知ることは、原則として難しいことである。
② 相手の態度や願望に関する情報を得る手段として、私たちは普通、言葉という信号に頼っているが、信号はしばしば曖昧さを持っている。
③ 相手の言葉を解読するために、私たちは自分の独特な解釈法を使うが、その解釈法は誤っているかも知れない。
④ そのときの自分の精神状態いかんによって、他人の行動を解釈する方法、つまり信号解読法にかたよりを生じることがある。
⑤ 相手の動機や態度を推測するときに、自分ではかなり当たっていると思っている的中率は、実は間違っているかもしれない。

　そのうえで、ⓐ相手の言葉（記述）をまず正確に聞きとり、ⓑその意味をそのときの相手の顔の表情などの非言語メッセージとともに注意深く解釈すること、しかも、ⓒこうして入ってきたメッセージによって相手の人間の価値を判断する段階で、記述内容そのものの読解あるいは表情やしぐさや状況の解釈といったん切り離して、相手の人間性をもう一度考えることが大切で、相手の人間そのものの価値に対する評価をする際には、短絡的に判断を下さ

ずに、その出来事はその場での部分的な一つのシーンであり、この相手にはもっと深い全体的な価値があるかもしれないと客観的に考えることが大切であると述べています[11]。

　私たちは、当事者についてあまりよく知らないまま判断を下す傾向があります。しかし、私たちがみている当事者というのは、当事者の姿の一部で、そのすべてをみているわけではありません。当事者をよく理解するには、マインドフル・リーディングをこころがけていく必要がありそうです。

2　話の応答

(1)　小さな報酬

　話すことを促すには、話し手に"報酬"を与えることが必要です。心理学者R・ネルソン＝ジョーンズは、「聞くということは、私達が人に与えることのできる非常に強力な心理的報酬で」あると述べ、報酬を与える聞き手は話し手を肯定し、報酬を与えない聞き手は話し手を否定することであり、報酬を与える聞き方をすれば人は安心して防衛のためにつけていた仮面を外し、安心して話をすること、そして、聞くスキルを使えば、「相手の立場に立って、相手を理解することができ」ると説明しています[1]。

　アクティブ・リスニングにおいても、小さな報酬を与えて、「私は話をしっかり聞いています」、「もっと話してください」と伝えていくことが大切であると説明されています（アクティブ・リスニングについては、『離婚調停の技術』72頁以下をご覧ください）。

(2)　「ほう」

　医療面接において患者の話に応じる優れた方法として、「ほう」という応答があげられています。その理由は、「間や、トーンや、アクセントの加減次第で、さまざまな意味を付与して投げ返すことができ」ること、「発声している側で、そのときどき付与されている意味を認知しやすい」こと、また、意識して意味を付与しながら「ほう」を使うように努めると、自然に表情や姿勢

が同調して、好奇心、驚き、同情、軽視、疑いなどの非言語レベル表現が上達し、「聴く作業における姿勢や、応答としての身振りを身につけるための最短距離」になるからだといいます[23]。

　神田橋條治医師は、「ほう」という言葉はかなり泣き声的に用いると述べ、また「ほう」以外の泣き声としては、「そう」「ふうん」「へえ」「なるほど」などがあるが、それらはいずれも「ほう」よりも意味が限定されるので、同一の声だけで広い範囲をカバーするには「ほう」が最も優れていると説明しています[23]。

(3) 「相づち」と「うなずき」

　『広辞苑〔第六版〕』によると、「相づち」とは「相手の言葉に同意のしるしを表してうなずく。相手の話に調子を合わせる」とあります。

　また、「うなずき（く）」とは、「①首を下に動かす。②諒解・承諾の意を示して首をたてに振る。合点する。首肯する」と説明されています。

　マイクロカウンセリングにおいては、「相づち」や「うなずき」はクライエントを励ます技法とされ、励ましには「ええ」、「それで？」といった言語によるものと、「相づち」や「うなずき」のような非言語によるものとに分かれ、この技法を用いることにより、クライエントは自分の気持ちや考えを探求し語ることを励まされるといいます[13]。

　また、調査的面接法においても、もっと進んで話をしたいと話し手に思わせるのに効果的なノンバーバル・コミュニケーションは「うなずき」で、聞き手に好印象を与えるにはタイミングよく適切な場面でさりげなく、しかし熱心に聞いているというサインが聞き手に通じる程度に「うなずき」を行なうことが効果的で、「うなずき」に加えて「そうなんですか」、「なるほどねえ」などと相づちを打つと、ますます熱心に話をしてくれると説明しています[12]。

　さらに、パフォーマンス学においても、相手に存分に話させていくには、①相手の話に対して理解したというストロークを送ること（首を小さく縦に振って「はい」といううなずきのサインを送ったり、「はい」とか「ええ」とか言

うこと)、②相手の話に対して共感し、感心したというストロークを送ること（目を大きく見開き、アイコンタクトを強くして、「ああ、そうですか」とか「なるほどねえ」という言葉を添えること)、③その話はおもしろいのでもっと次を聞きたいというストロークを送ること（相手の目をのぞき込んだり、目を大きくして相手とのアイコンタクトを合わせたりすること）が大切で、これらが交互に絶えず出されると、相手はどんどん話を続けてくれると説明しています[11]。

「相づち」と「うなずき」に関するこれらの説明はいずれも似ており、話し手を肯定し、励ましながら話をさせていくというものです。ですから、「相づち」や「うなずき」は、相手の話をしっかり聴いていくための"必需品"であるといえます。

3 沈　黙

調停では、沈黙の場面もよく見られます。この沈黙についてはどう理解し、どう対応したらよいのでしょうか。

(1) 「沈黙」の意味

鈴木淳子教授は、沈黙にはさまざまな意味やメッセージがこめられており、強力なコミュニケーション手段となりうると説明しています。そして、面接における沈黙には、〈図表8〉のようなさまざまな意味が含まれているといいます[12]。

一方、医療面接においては、沈黙とは「じゃまをしない」ことであるとし、相手に関心をもち続けていることを態度で示しながら沈黙を守っていることは、相手の発言を促す効果があること、一方聞き手が未熟であると、多くの場合沈黙に耐え切れず、聞き手のほうから何か話し出すことによって相手の話をさえぎってしまうので、相手が言葉を探していると思われる間は、声をかけずにじっと待っているのがよく、「沈黙を続ける相手に対し、こちらも言葉を発することなく安定した態度でともに居続けることのできる技量は、傾聴能力のバロメーターである」と説明しています[6]。

〈図表8〉 沈黙の意味

1	感動・感激	10	悲しみ・傷心
2	感謝	11	消極的動機
3	熟考・思索	12	無視・無関心・わからない
4	追慕・追想	13	不快・怒り
5	緊張	14	返事の拒否
6	驚き・困惑・ショック	15	抗議・批判
7	不安	16	絶望
8	ためらい	17	相手の発言の吟味
9	恐怖	18	自分の次の発言の準備

鈴木淳子『調査的面接の技法〔第二版〕』(ナカニシヤ出版、2005) 131頁から引用

(2) 「沈黙」との向き合い方

では、沈黙の場面において、調停担当者はどのような姿勢をとるのがよいのでしょうか。鈴木淳子教授は、話し手の「回答をゆっくりと待ち、質問の『間』をうまくとり、話し手に時間的・精神的ゆとりを与えることが実りあるコミュニケーションへと導」くと説明しています[12]。

また、コーチングの伊藤守氏も、「あわてずに、ゆっくり考えるといいよ。答えが見つかるまで、待ってるよ」と言葉かけするのがよく、そこで相手のこころに「あなたのゆとりが伝わることで、安心感を生み出すことができ」ると説明しています[24]。

沈黙は話し手と聞き手の間にあって、豊かなコミュニケーションへと導いてくれるものといえます。ですから、当事者のみせる沈黙に対しては、その意味を考えながら相手が話し出すまでじっと待つのがよいように思います。

4 感情に近づく

基本的な応答技法の一つに「感情の反射」があります。当事者としっかり

向き合うには、当事者の感情に近づく必要があり、当事者の感情に近づくには、「感情の反射」を行う必要があります。

(1) 感情の反射

「感情の反射」とは、「相手の感情の流れとともに感じ、それを相手に伝えること」で、それは「相手に自らの感情をより深くとらえる機会を与える」と同時に、「相手の話を理解していることを相手に分からせる確かな方法」とされています[1]。

ソーシャルワークにおいても、「感情の反射」は基本的な応答技法の一つとされ、それには以下の三つの技法があるとされています[25]。

① 感情の反射　　クライエントが語った感情をそのまま反射する。
② 感情の受容　　クライエントが語った感情を受け入れて反射する。
③ 感情の明確化　クライエントが語った感情を理解して示す。

では、「感情の反射」とは実際にはどのようなものなのでしょうか。具体例でみてみることにしましょう。

(2) 「感情の反射」の例

ここではクライエント（Cと表記）とソーシャルワーカー（Wと表記）のやりとりの場面を、ソーシャルワークのテキストから引用します[25]。

C： 夫が毎日私に暴力をふるうのです。私はつらくて死にたくなってしまいます。
W： 死にたいぐらいつらいのですね。（単純な感情の反射）
C： ええ、つらくてつらくて・・・。もうどれぐらい続いているでしょうか。もう三年近くになります。ちょっとしたことがきっかけだったのですが・・・。私は、暴力を受けるのもつらいのですが、夫がそんなふうになってしまったことが、とても悲しいのです。前は、やさしい夫だったのですが・・・。それに、暴力をふるった後で、謝ってくれることもあるのです。
W： あなたは暴力もつらいけれど、ご自分の夫が変わってしまったこ

> とも悲しいと思っておられるのですね。その気持ちはよく分かります。（感情の受容）
> C： そうなんです。でも、こんなこと誰も分かってくれません。でも、誰にも相談できないし・・・。夫の事は誰にも言っていないのです。気づいている人はいるかもしれませんが・・・。
> W： 私はあなたの気持ちがよく分かります。本当につらくて悲しいのですね。それに相談する人もいない・・・。（感情の受容）
> C： 私は夫と別れて、新しい生活を始めたいのですが、夫を見捨てて家を出て行くことはどうしてもできないような気持ちなのです。とってもつらいのに、何か家を出ることは悪いことをするような気持ちがするのです。
> W： あなたは夫と別れて出て行きたい気持ちがあるけれど、そうすると何か悪いことをしているような罪悪感がある。その両方の気持ちがあるから余計につらいのですね。（感情の明確化）
> C： そうなんです・・・。

　ここでソーシャルワーカー（W）は、クライエント（C）の感情の流れとともに感じ、その感情を反射したり、受容したり、明確化する作業を行っています。そうすることで、クライエント（C）は自分の感情と向き合い、落ち着いて話をすることができるようになります。

　家事（離婚）調停の当事者の話も、そこにはさまざまな感情が絡んでいます。ですから、そのような話に耳を傾けていくには、この「感情の反射」が必要な技法になります。

第2章

家事（離婚）調停に臨む

ここでは、調停に携わる場合に必要となる基本的な事柄を、まず学ぶことにします。

記録を読む

調停の最初の仕事は、記録（申立書）を読むことから始まります。

1　申立書の特徴

家事事件の記録について、その特徴を理解しておきましょう。

(1)　少ない情報

申立書には簡単な記載と若干の資料しかついていません。詳しい経過や事情が別紙に書かれている場合もありますが、ほとんどは簡単な記載で終わっています。

家事事件の場合、事前の情報が少なく限られているのが大きな特徴です。この少ない情報から、どれだけ多くの情報をくみ取ることができるか、夫婦のイメージを描けるか、がケースを理解するうえでは重要になります。

(2)　多様な記載

申立書の内容は、当事者によりかなり個人差があります。しかし、共通しているのは、そこに書かれている内容は申立人にとって意味のある情報だということです。

この記載の仕方が、実は申立人のことを一番よく物語ってくれています。人は文章の中に、人柄、能力、考え、人間性などが表れます。だから、書かれた文章や内容をよく考えながら読むと、その人を理解する手がかりをたくさんみつけることができます。

申立書をざっと一回目を通しただけでは、それは十分つかめません。書かれている文章やそこに含まれている意味をじっくりと考えながら読むと、それが次第にみえてきます。申立書は、丁寧にまた考えながら読むことをおすすめします。

(3) 「書かれている情報」と「書かれていない情報」

　申立書には「書かれている情報」と「書かれていない情報」が含まれています。「書かれている情報」は読めば一応わかります。しかし、そればかりでなく、「書かれていない情報」についても考えてみることが大切です。

　人は自分に都合の悪いことはあまり書きません。「書かれていない情報」の中には、もともと何もなくて書いていない場合と、本当は何かあるが、申立人の考えや思惑から書いていない場合とがあります。

　後者の場合には、調停の中でそのことが語られて真相が明らかになったり、そのことから話合いが新たに展開するきっかけになったりすることがあります。

(4) 内容は「信じてもいい」が「信じてはいけない」

　申立ての趣旨や申立ての理由をそのまま頭から信じることは危険です。たとえば離婚にしても、人生の一大決断ですから、申立てにはかなり迷いがあるのが普通です。たとえ、離婚に○をつけてあったとしても、そこにはかなり迷いや苦渋の選択をせざるを得なかった複雑な気持ちがあるはずです。

　また、申し立てた日から第1回調停期日までは、通常1カ月前後が経過しています。この間に、当事者の生活や気持ちにどんな変化や動きがあったのかは、申立書からはわかりません。さらに、人の気持ちは時とともに動いていくことにも留意すべきです。

　ですから、申立書に書かれている内容や申立ての趣旨は、申立ての時点ではそうであったかもしれないが、「現在は違っているかもしれない」と柔軟に考えておくことが必要です。

　申立書は家庭裁判所が調停を進めるうえで必要とする情報を、整理して書いてもらっているものです。申立人は自分の主張や気持ちを、申立書の狭い欄に書かなくてはなりません。申立てをする人にとっては、申立書はかなり書きにくいはずです。したがって、申立書には、申立人の気持ちや考えが十分語り尽くされていないと考えたほうがよいように思います。

　また、申立書は、申立人の考えや何らかの思いがあって書かれているもの

です。そう考えると、申立書に書かれている内容を頭から信じてしまうことは、かなり危険であることがわかると思います。

簡単な例をあげれば、夫が「妻が子どもをおいて家を出ていった」と調停の申立てをしてくることがあります。そこで、妻に非があるのかと思っていると、実は夫側に暴力や問題があったということがよくあります。

その意味で、申立書の情報は、いわば一種の「インデックス情報」と理解しておいたほうがよいと思います。その内容は、調停の中で確認していかなければならない情報なのです。

2　申立書を読む

それでは、具体的に申立書をみていくことにしましょう。

(1)　基本的な事実を押さえる

まず、基本的な事実を押さえるようにします。当事者の年齢、住所、同居中か別居中か、家族関係、離婚歴、実家の家族関係、現在の同居家族、生活状況などです。また、配偶者の暴力の記載についても注意しておく必要があります。

ここで大事なことは、当事者の属性にはそれぞれ意味があるということです。また、当事者の一つひとつの属性や事柄は皆関連しているということです。たとえば、同居したまま離婚調停を申し立ててくる当事者がいますが、それにはそれの意味や事情があるということです。

また、ここで必要なことは、基本的な事実（情報）を相互に関連づけたり、時間の流れの中でケースを理解していくということです。別居という事実があるなら、どういう経過で、どのように別居し、今は誰とどこで生活しているのか、相手は別居をどう受け止めているのか、というように流れで理解しておくのです。

ここで家族関係図や身分関係図を作成する人も多いでしょう。家庭裁判所では家事事件を扱う際、一般に家族関係図（身分関係図）を作成し、視覚的に

家族を理解するようにしています。たとえば、離婚した夫婦とその間に子どもがいる家族の場合、以下のような家族関係図がつくられます（○は男性、△は女性、＝は法律関係を示す）。

〈図表9〉　家族関係図

家族関係図に、同居年月日、婚姻年月日、婚姻時の夫・妻の年齢、子の出生日、別居年月日、離婚年月日などを記入していくと、婚姻前の同居の有無、できちゃった婚か否かなど、夫婦や家族のいろいろな姿が浮かんできます。

(2)　「書かれている情報」を読む

「書かれている情報」は、誰でも読めばわかると思うかもしれません。しかし、内容を深く把握するには、さまざまな知識や理解が必要になります。

(a)　書き手を想像する

文字、文言、記載内容、文章のまとめ方などには、申立人の人柄、能力、教育程度、生活状況などが出ています。几帳面な人か、大雑把な人か、神経質な人か、あまり物事にかまわない人か、自信のない人か、混乱はみられないかなど、申立人を理解するうえでわずかな手がかりでもつかんでおくことが必要です。

調停では、当事者間の紛争と同時に、当事者の「人間性」も紛争解決のうえでは重要な要因になってきます。

(b)　申立ての趣旨をみる

申立ての趣旨は明確か、つじつまは合っているか、読んで納得できるか、意味不明なところはないか、常識的にそれは通用するかなどを考えてみます。

夫婦関係調整事件では、申立人が今まで我慢したり裏切られてきた思いを、

離婚の際に一気に晴らそうとしたり、失地を取り戻そうとして、非現実的な要求や主張をしてくることがあります。

申立ての趣旨欄には、現実と願望が入り混じって書かれていることが少なくありません。ですから、相手が無職で借金がかなりあるのに、高額の養育費や慰謝料を請求するということもめずらしくないのです。

(c) 申立ての内容を考える

申立人はさまざまな主張や要求を書いてきます。その内容を検討しておくことは大事なことです。申立人の主張は現実的なものか、相手方の性格や経済状態から考えて申立人の希望はかなうものなのか、常識からみてどうなのかと考えてみるのです。

申立て段階ではどのような要求もできますが、やはり現実の枠や壁というものがあります。さまざまな主張や要求を出しても、実際には申立人自身も全部実現するとは思っていないことが多いように思います。

また、申立ての内容をみる場合、「この人は何を一番問題にしたいのか」、「何を一番求めているのか」、「申立ての動機は何か」ということを考えておく必要があります。申立人が一番求めているのはどの主張や要求なのかということを頭に入れておくと、現実的な解決を図る際に一つの手がかりになります。

(d) 「性格の不一致」のとらえ方

「性格の不一致」は、毎年夫婦関係調整（離婚）事件の申立理由のトップにきます。

ところで、調停担当者は、この「性格の不一致」をどう理解しているのでしょうか。「性格の食い違い」とそのまま受け止めているのではないでしょうか。私は「性格の不一致」については、"注意"が必要であると考えています。

公益社団法人家庭問題情報センター（FPIC）の若林昌子理事長（元判事、元明治大学法科大学院教授）も、「性格の不一致」を理由とする申立てには、不倫関係、負債、精神的疾患などの隠れた原因がある場合が比較的多いため、注意を要すると述べています[26]。

家事（離婚）事件の場合、「性格の不一致」は単なる「性格の食い違い」ではありません。もちろん、「性格が食い違っている」という場合もあるにはありますが、そうではない場合のほうが多いのです。

　家事（離婚）事件に触れるとわかりますが、申立人のいう「性格の不一致」とは、「給料を家に入れないこと」だったり、「会話がないこと」だったり、「子育てを手伝わないこと」だったり、「夫が実家に依存していること」だったりと実にさまざまなのです。つまり、申立人は自分の不満を言い表すうまい言葉がみつからないので、「性格の不一致」に○をつけているようなのです。

　そこで、私は「性格の不一致」については、「私（申立人）の期待やニーズに相手が応えてくれない」というふうに解釈し直して理解するようにしています。そうすると、「では、何に申立人は不満をもっているのだろうか」と次に考えを進めることができ、ケースを一層深く理解していくことができるようになるのです。

(3)　「書かれていない情報」を読む

　家事事件では、書かれていない情報も重要です。申立書を理解するには、書かれている情報に加え、書かれていない情報もしっかりとらえる必要があります。

(a)　夫婦について理解する

　申立書に書かれていなくても、申立人夫婦についてはある程度理解が可能です。若年夫婦か、中年・熟年夫婦か。結婚して何年目に破綻したのか。結婚は「できちゃった婚」か。結婚生活は最初から波乱があったのか、それとも途中から問題が起きたのか。家庭内では夫と妻のどちらに力があるのか。問題を起こしているのは夫と妻のどちらなのか。問題や悩みを夫、妻はどう受け止めてきたのか。どちらが健全な考えの持ち主か。どちらがきちんとした生活を望んでいるのか等々。

　夫婦の生活をイメージし、夫婦の人間関係や力関係について考えてみることは案外大切なことです。

(b)　申立人について理解する

申立人についても考えをめぐらせてみます。きちんとした人か、しっかりした人か。物事を冷静に判断できる人か、主体的に考えられる人か、依存的な人か。非現実的な考えはしていないか。精神的な混乱や病気の疑いはないか。タフな人か、何回も調停を続けるエネルギーがまだ残されているか。

これらは申立人の人柄、性格、人間性について理解するためであり、また調停での対応を考えるためです。同じように、相手方についてもひととおり考えてみます。

(c) 申立ての状況を理解する

「この人は、今なぜここで申立てをしてきたのか」を考えるようにします。それは、申立ての状況というものが申立人のニーズや要求と深く結びついており、かなり重要な要因だからです。また、申立人が何を求め、何を訴えたいのか、どうしたいのかという「申立ての動機」を理解する一番の手がかりになるからです。そこには、何かしらの意味と背景や事情があるからです。

家事（離婚）事件では、申立ての趣旨では離婚となっていながら、いざ離婚する段階になると、いろいろな条件や理由を付けて離婚に踏み切らない当事者がいます。このような当事者は、本当は離婚したいのではなく、相手の愛情を確かめたいがための申立てだったり、相手と話し合うための手段として調停を利用しているようなことがあるのです。

当事者の申立ての動機やニーズは、実にさまざまです。皆、同じニーズで申立てをしているわけではありません。申立ての状況というものが、当事者を知るうえで極めて重要な情報を提供してくれているということを、頭の隅に置いておくとよいでしょう。

(4) 事件や当事者のイメージと見立て

(a) 結婚生活の流れをイメージする

この夫婦は「どういう経緯で結婚し、どんな結婚生活を送っており、いつ頃から何でうまくいかなくなったのか」を考えるようにします。

そうすると、一連のつながりのある「この夫婦の一生」というものが浮かび上がってきます。また、そこには、この夫婦の今までの生活や直面してき

た課題がみえてきます。その課題にどう対応し、どう解決できないできたかがみえてきます。それがこの夫婦の生活パターンであり、また特徴でもあるのです。

(b) 「わかる事実」と「わからない事実」の整理

　記録を読んだりメモをとると、どこが明らかになっている部分か、どこがわからない部分かが必ず出てきます。わかる部分を理解すると同時に、わからない部分や出ていない部分をマークしておくとよいでしょう。

　わからない部分は何か、聞いておく必要があるのは何かということを考えるようにします。わからない部分は、案外当事者が隠したがっている部分であったりすることがよくあります。

第2章 家事（離婚）調停に臨む

【書式1】 夫婦関係等調整調停申立書

この申立書の写しは，法律の定めるところにより，申立ての内容を知らせるため，相手方に送付されます。

この申立書とともに相手方送付用のコピーを提出してください。

受付印	夫婦関係等調整調停申立書　事件名（　　　　　）
	（この欄に申立て1件あたり収入印紙1,200円分を貼ってください。）
収入印紙　　　円 予納郵便切手　　　円	（貼った印紙に押印しないでください。）

家庭裁判所 　　　　　　　御中 平成　年　月　日	申　立　人 （又は法定代理人など） の　記　名　押　印	印	準口頭
添付書類	（審理のために必要な場合は，追加書類の提出をお願いすることがあります。） □ 戸籍謄本（全部事項証明書）（内縁関係に関する申立ての場合は不要） □ 年金分割の申立てが含まれている場合）　年金分割のための情報通知書 □		

<table>
<tr><td rowspan="4">申立人</td><td>本　籍
（国　籍）</td><td colspan="2">（内縁関係に関する申立ての場合は，記入する必要はありません。）
　　　　　都　道
　　　　　府　県</td></tr>
<tr><td>住　所</td><td colspan="2">〒　　－　　　　　　　　　　　　　　　　　　（　　　　方）</td></tr>
<tr><td>フリガナ
氏　名</td><td></td><td>大正
昭和　年　月　日生
平成
（　　　歳）</td></tr>
<tr><td></td><td></td><td></td></tr>
<tr><td rowspan="3">相手方</td><td>本　籍
（国　籍）</td><td colspan="2">（内縁関係に関する申立ての場合は，記入する必要はありません。）
　　　　　都　道
　　　　　府　県</td></tr>
<tr><td>住　所</td><td colspan="2">〒　　－　　　　　　　　　　　　　　　　　　（　　　　方）</td></tr>
<tr><td>フリガナ
氏　名</td><td></td><td>大正
昭和　年　月　日生
平成
（　　　歳）</td></tr>
<tr><td rowspan="6">未成年の子</td><td>住　所</td><td>□ 申立人と同居　／　□ 相手方と同居
□ その他</td><td>平成　年　月　日生</td></tr>
<tr><td>フリガナ
氏　名</td><td></td><td>（　　　歳）</td></tr>
<tr><td>住　所</td><td>□ 申立人と同居　／　□ 相手方と同居
□ その他</td><td>平成　年　月　日生</td></tr>
<tr><td>フリガナ
氏　名</td><td></td><td>（　　　歳）</td></tr>
<tr><td>住　所</td><td>□ 申立人と同居　／　□ 相手方と同居
□ その他</td><td>平成　年　月　日生</td></tr>
<tr><td>フリガナ
氏　名</td><td></td><td>（　　　歳）</td></tr>
</table>

（注）　太わくの中だけ記入してください。未成年の子は，付随申立ての(1),(2)又は(3)を選択したときのみ記入してください。
□の部分は，該当するものにチェックしてください。

I 記録を読む　2 申立書を読む

この申立書の写しは，法律の定めるところにより，申立ての内容を知らせるため，相手方に送付されます。
この申立書とともに相手方送付用のコピーを提出してください。

※ 申立ての趣旨は，当てはまる番号（1又は2，付随申立てについては(1)～(7)）を○で囲んでください。
　　□の部分は，該当するものにチェックしてください。
☆ 付随申立ての㈥を選択したときは，年金分割のための情報通知書の写しをとり，別紙として添付してください（その写しも相手方に送付されます。）。

申　　立　　て　　の　　趣　　旨	
円　満　調　整	関　係　解　消
※ 1　申立人と相手方間の婚姻関係を円満に調整する。 2　申立人と相手方間の内縁関係を円満に調整する。	※ 1　申立人と相手方は離婚する。 2　申立人と相手方は内縁関係を解消する。 （付随申立て） (1)　未成年の子の親権者を次のように定める。 　　…………………………………………については父。 　　…………………………………………については母。 (2)　（□申立人／□相手方）と未成年の子が面会交流する時期，方法などにつき定める。 (3)　（□申立人／□相手方）は，未成年の子の養育費として， 　　1人当たり毎月（□金　　　　　円／□相当額） 　　を支払う。 (4)　相手方は，申立人に財産分与として， 　　（□金　　　　　円／□相当額　）を支払う。 (5)　相手方は，申立人に慰謝料として， 　　（□金　　　　　円／□相当額　）を支払う。 (6)　申立人と相手方との間の別紙年金分割のための情報通知書（☆）記載の情報に係る年金分割についての請求すべき按分割合を， 　　（□0.5／□（　　　　　））と定める。 (7)

申　　立　　て　　の　　理　　由	
同居・別居の時期	
同居を始めた日……　昭和　年　月　日 　　　　　　　　　平成	別居をした日……　昭和　年　月　日 　　　　　　　　　平成
申立ての動機	
※　当てはまる番号を○で囲み，そのうち最も重要と思うものに◎を付けてください。 　1　性格があわない　2　異性関係　3　暴力をふるう　4　酒を飲みすぎる 　5　性的不調和　　　6　浪費する　7　病　　気 　8　精神的に虐待する　9　家族をすててかえりみない　10　家族と折合いが悪い 　11　同居に応じない　12　生活費を渡さない　13　そ　の　他	

41

第2章 家事（離婚）調停に臨む

【書式2】 事情説明書（夫婦関係調整）（東京家庭裁判所）

平成　年（家　）第　　号（期日通知等に書かれた事件番号を書いてください。）

事情説明書（夫婦関係調整）

> この書類は、申立ての内容に関する事項を記載していただくものです。あてはまる事項にチェックを付け（複数可）、必要事項を記入の上、申立書とともに提出してください。
> なお、この書類は、相手方には送付しませんが、相手方から申請があれば、閲覧やコピーが許可されることがあります。

1	この問題でこれまでに家庭裁判所で調停や審判を受けたことがありますか。	□ ある　平成　年　月頃　　家裁　　支部・出張所 　　□ 今も続いている。　申立人の氏名＿＿＿＿＿＿＿＿＿＿ 　　　　　　　　　　　　事件番号　平成　年（家　）第　　号 　　□ すでに終わった。 □ ない
2	調停で対立すると思われることはどんなことですか。（該当するものに、チェックしてください。複数可。）	□ 離婚のこと　　　　　　□ 同居または別居のこと □ 子どものこと（□親権　□養育費　□面会交流　□その他　　　　） □ 財産分与の額　　　　　□ 慰謝料の額　　　□ 負債のこと □ 生活費のこと　　　　　　　　　　　　□ その他（　　　　　　）
3	それぞれの同居している家族について記入してください（申立人・相手方本人を含む）。 ※申立人と相手方が同居中の場合は申立人欄に記入してください。	申立人（あなた）／相手方 氏名　年齢　続柄　職業等 ／ 氏名　年齢　続柄　職業等
4	それぞれの収入はどのくらいですか。	月収（手取り）約　　万円　／　月収（手取り）約　　万円 賞与（年　回）計約　　万円　／　賞与（年　回）計約　　万円 □実家等の援助を受けている。月　万円／□実家等の援助を受けている。月　万円 □生活保護等を受けている。　月　万円／□生活保護等を受けている。　月　万円
5	住居の状況について記入してください。	□ 自宅　　　　　　　　　　　　／　□ 自宅 □ 当事者以外の家族所有　　　　／　□ 当事者以外の家族所有 □ 賃貸（賃料月額　　　　円）　／　□ 賃貸（賃料月額　　　　円） □ その他（　　　　　）　　　　／　□ その他（　　　　　）
6	財産の状況について記入してください。	・資産 □ あり 　□ 土地　□ 建物 　□ 預貯金（約　　万円） 　□ その他　※具体的にお書きください。 　（　　　　　　　　　　　） □ なし ・負債 □ あり　□住宅ローン（約　　万円） 　　　　　□その他（約　　万円） □ なし
7	夫婦が不和となったいきさつや調停を申し立てた理由などを記入してください。	

平成　年　月　日　申立人＿＿＿＿＿＿＿㊞

I 記録を読む　2 申立書を読む

【書式3】 子についての事情説明書（東京家庭裁判所）

平成　年（家　）第　号（期日通知等に書かれた事件番号を書いてください。）

子についての事情説明書

> この書類は，申立人と相手方との間に未成年のお子さんがいる場合に記載していただくものです。あてはまる事項にチェックを付け，必要事項を記入の上，申立書とともに提出してください。
> なお，この書類は，相手方には送付しませんが，相手方から申請があれば，閲覧やコピーが許可されることがあります。

1	現在，お子さんを主に監護している人は誰ですか。	☐ 申立人 ☐ 相手方 ☐ その他（　　　　　　　　　　　　　　　　　　　）
2	お子さんと別居している父または母との関係について，記入してください。 ＊ お子さんと申立人及び相手方が同居している場合には記載する必要はありません。	☐ 別居している父または母と会っている。 ☐ 別居している父または母と会っていないが，電話やメールなどで連絡を取っている。 ☐ 別居している父または母と会っていないし，連絡も取っていない。 → 上記のような状況となっていることについて理由などがあれば，記載してください。
3	お子さんに対して，離婚等について裁判所で話合いを始めることや，今後の生活について説明したことはありますか。	☐ 説明したことはない。 ☐ 説明したことがある。 → 説明した内容やそのときのお子さんの様子について，裁判所に伝えておきたいことがあれば，記載してください。
4	お子さんについて，何か心配していることはありますか。	☐ ない ☐ ある → 心配している内容を具体的に記載してください。
5	お子さんに関することで裁判所に要望があれば記入してください。	

平成　年　月　日　申立人　_____印

43

【書式4】 進行に関する照会回答書（申立人用）（東京家庭裁判所）

平成　年（家　）第　　号

進行に関する照会回答書（申立人用）

この書面は，調停を進めるための参考にするものです。あてはまる事項にチェックを付け（複数可），空欄には具体的な事情等を記入して，申立ての際に提出してください。審判を申し立てた場合にも，調停手続が先行することがありますので提出して下さい。
この書面は原則として閲覧・コピーの対象とはしない取扱いになっています。

1	この申立てをする前に相手方と話し合ったことがありますか。	□ ある。（そのときの相手方の様子にチェックしてください。） 　□ 感情的で話し合えなかった。　□ 冷静であったが，話合いはまとまらなかった。 　□ 態度がはっきりしなかった。　□ その他（　　　　　　　　　　　　　） □ ない。（その理由をチェックしてください。） 　□ 全く話合いに応じないから。　□ 話し合っても無駄だと思ったから。 　□ その他（　　　　　　　　　　　）	
2	相手方は裁判所の呼出しに応じると思いますか。	□ 応じると思う。 □ 応じないと思う。 □ 分からない。	（理由等があれば，記載してください。）
3	調停での話合いは円滑に進められると思いますか。	□ 進められると思う。 □ 進められないと思う。 □ 分からない。	（理由等があれば，記載してください。）
4	この申立てをすることを相手方に伝えていますか。	□ 伝えた。 □ 伝えていない。 　□ すぐ知らせる。　□ 自分からは知らせるつもりはない。　□ 自分からは知らせにくい。	
5	相手方の暴力等がある場合には，記入してください。	1　相手方の暴力等はどのような内容ですか。 　□大声で怒鳴る・暴言をはく。　□物を投げる。　□殴る・蹴る。　□凶器を持ち出す。 　(1)　それはいつ頃のことですか。 　　　　………………頃から………………頃まで 　(2)　頻度はどのくらいですか。 　　　　………………回 2　相手方の暴力等が原因で治療を受けたことはありますか。 　□ない　□ある（ケガや症状等の程度　　　　　　　　　　　　　　　　　　） 3　配偶者暴力に関する保護命令について，該当するものをチェックしてください。 　□申し立てる予定はない。　□申し立てる予定である。 　□申し立てたが，まだ結論は出ていない。　□申し立てたが，認められなかった。 　□認められた。　※保護命令の写しを提出してください。 4　相手方の調停時の対応について 　□裁判所で暴力を振るう心配はない。 　□申立人と同席しなければ暴力を振るうおそれはない。 　□裁判所職員や第三者のいる場所でも暴力を振るう心配がある。 　□裁判所への行き帰りの際に暴力を振るうおそれがある。 　□裁判所に刃物を持ってくるおそれがある。 　□裁判所へ薬物，アルコール類を摂取してくるおそれがある。	
6	調停期日の差し支え曜日等があれば書いてください。 ※　調停は平日の午前または午後に行われます。	申立人の　□　希望曜日　　　　　　　　　　　　　曜日　午前・午後 　　　　　　（ご希望に沿えない場合もございます。予めご了承下さい。）。 　　　　　□　差し支え曜日　　　　　　　　　曜日　午前・午後 　　　　　（すでに差し支えることがわかっている日→　　　　　　　　　　　　　） 相手方の　□　希望曜日　　　　　　　　　　　　　曜日　午前・午後 　　　　　□　差し支え曜日　　　　　　　　　曜日　午前・午後 　　　　　（※分からなければ記載しなくてもかまいません。）	
7	裁判所に配慮を求めることがあれば，その内容をお書きください。		

【平成　年　月　日　申立人　　　　　　　　印】

話を聴く

調停では、調停担当者の話の聴き方が非常に重要な意味をもつことになります。

1　当事者の話の特徴

当事者の話の特徴を整理すると、以下のようになるでしょう。
① 日常生活での出来事や些細な紛争が語られる　家事事件の争いは、日常生活におけるいら立ちが中心であると前著で説明しました（『離婚調停の技術』14頁参照）。当事者のこころの中には、日常生活の中での相手に対するいら立ちやわだかまりがたくさん積もっています。ですから、当事者は話を始めると感情が高ぶったり、細々とした事柄を語ってきたりします。
② ストーリーで語る　紛争の実情や経緯などについて、当事者はストーリーで語ってきます。これは起きた出来事について、当事者が自分で解釈や意味づけをして理解しており、それらをつなぎ合わせて説明してくるためです。ですから、気持ちが先走ってしまって話が整理されていなかったり、要領よくまとめられていないような場合には、調停担当者は長々とした話や説明を聞かざるを得なくなります。
③ 双方の話や主張が食い違う　当事者双方の話は、主張はもとより説明や内容が食い違っていることが多くあります。
④ 調停は「勝敗」や「駆け引き」の場　自分の非は出さず、相手を批判したり攻撃したりします。当事者の気持ちの中には、「紛争を解決したい」という気持ちのほかに、「自分の思いや主張を調停（裁判所）で認めてもらいたい」とか、「公（調停）の場で何とか相手をやっつけたい」

という思いが感じられることがあります。それは当事者が、調停は対等な話合いの場という認識ではなく、とにかく裁判所を自分の味方につけて、白黒決着をつけようという考えをもっていたりするからです。

2　話を聴くために

(1)　「聞く」と「聴く」

話のきき方には「聞く」と「聴く」の二つがあります。では、その違いはどこにあるのでしょうか。

コンフリクトマネジメントに詳しい鈴木有香氏は、「聞く」には、①音や声を耳で感じたり、話を耳に入れてから理解すること、②相手の言うことを受け入れる、承知すること、③相手に何かを尋ねること、の三つの意味があり、一方「聴く」には、④自分のほうから積極的に耳を傾けること、と説明しています[27]。

そのうえで、共通の理解をつくりあげていく対話のプロセスでは、「相手の話を耳に入れて、理解し、今まで知らなかった相手の考えや細かい点を知っ

〈図表10〉　「聞く」と「聴く」の図

- 話を耳に入れて、理解する。
- 質問する。
- 相手の気持ちや潜在的ニーズをしっかり理解する。

八代京子監修＝鈴木有香『交渉とミディエーション』(三修社、2004) 120頁より引用

て行く。もしよくわからないなら、相手に尋ねる」ことがきちんとなされることで、はじめて「積極的に耳を傾けている」ことになると述べ、〈図表10〉のように説明しています[27]。

(2) 話を聴くポイント

(a) 準備をする

前掲Ⅰ「記録を読む」で述べたことを念頭に、事前に記録をよく読んでおきます。事前の準備と心構えは非常に大切です。

当事者は、調停担当者にとっても裁判所にとっても、どのような人なのか、どのような問題を抱えているのか、表に現れていない問題はないのか、まだ何もわかりません。したがって、その手がかりになる記録を十分に検討しないで調停に臨むことは避けるべきです。

(b) 手控えの工夫

申立書の内容を自分で理解しやすいように整理し、自分で使えるようにまとめておきます。

ここで、家族（身分）関係図（35頁〈図表9〉参照）を作成しておくとよいでしょう。当事者の家族関係が一目でわかるため、ケースが理解しやすくなります。

(c) 話されている内容を考える

当事者の話を聴く場合、その内容を考えながら聴くようにすると、話がわかりやすくなります。当事者の話を、「この人は今何をしゃべっているのか」、「何を一番訴えているのか」を考えながら聴くのです。

当事者の話は、説明なのか、主張なのか、気持ちの訴えなのか、それとも相手への非難か、攻撃か、あるいは調停担当者の同意を求めているのか。こういうことを念頭に置いて当事者の話を聴いたり、当事者を観察してみると、当事者の話や姿がよくわかります。

(d) わからない場合のフィードバック

話がよくわからなかったり、あいまいな場合は、必ず確認をします。それは当事者の話を正しく理解し、当事者との認識のズレを防ぐためです。また、

その聴いた情報を、別の当事者に正しく伝えるために必要だからです。

よくあるのは、当事者の言っている言葉について、当事者と調停担当者の間で認識に食い違いが生じているような場合です。同じ言葉を、当事者と調停担当者が違う受け止め方をしてしまっていたりもします。

話がわからなかったり内容があいまいな場合には、次に進む前にもう一度当事者に確認し、当事者の理解と調停担当者の理解に食い違いがないかどうかを点検しておくことが大事です。

(3) 「主張」と「事実」の理解

調停では、双方の主張や説明が食い違うことはめずらしくありません。問題は主張や説明が食い違っているときに、どちらの説明が真実に近いのか、なかなか判断がつけられないことです。このような場合、主張と事実のとらえ方を知っておくと役に立ちます。

(a) 三段跳び箱モデル

ここでは、私の事実の調査技術とツールを紹介します。これは、私が家庭裁判所の現場において考案し、モデル化して使っているものです。

人の主張や行動は、「生活」「感情」「主張・行動」の三層でとらえることができます。まず、生活が基本になります。その生活の中から、さまざまな感情が生まれてきます。

感情には、ポジティブ（肯定的）な感情とネガティブ（否定的）な感情の二つがあります。そして、その感情を基に主張・行動が起きてくるという考え方です（〈図表11〉参照）。私はこれを「三段跳び箱モデル」と呼んでいます。

〈図表11〉「主張」（行動）の現れ方　　〈図表12〉「主張」（行動）のとらえ方

したがって、主張・行動を理解したり、とらえていくには、その背景にある感情（気持ち）を理解することが必要になります。また、感情（気持ち）を理解するには、その根底にある生活（日常生活）を理解しなければなりません（〈図表12〉参照）。

このように考えると、人の主張・行動というものが、どういう感情や気持ちまた生活（日常生活）を背景にしているのかがよく理解でき、とらえやすくなります。

(b) 「主張」よりも「事実」を知る

では、事実を理解するとはいったいどういうことなのでしょうか。それは、〈図表11〉の上昇矢印と〈図表12〉の下降矢印を往復する作業を重ねる中で、三者の間に納得できるものを見出していくことにあります。

つまり、事実の理解とは、「どのような生活を背景に」→「どのような気持ちから」→「それをやったのか」と、その人の主張・行動を「三段跳び箱モデル」で理解していくことなのです。

ところが、当事者の「申立ての趣旨」や「主張」にばかりこだわってしまうと、それは当事者の感情（気持ち）次第で変わるものですから、結局それに振り回されてしまうことになります。

また、当事者の「主張」を歩み寄らせようとしても、それはその背後にある感情（気持ち）や生活に支配されているので、感情（気持ち）や生活を理解してあげないと当事者は満足せず、その結果、歩み寄りには応じてくれないのです。

したがって、ケース（事件）をよく理解するには、動かしがたい事実である当事者の生活を知ることが必要であり、また重要になるのです。

また、行動を通して送るメッセージは、最終決定といわれています[1]。したがって、その人の主張・行動をみていく場合には、その背景や根底に「どのようなネガティブな感情があるのか」ということに注目するとよいと思います。

3　話をより深く聴く

調停では、話をより深く聴きとることが求められます。

(1) 傾聴する

傾聴とは、意識を集中させて相手の語ることを「聴く」ことです。傾聴は面接の基本とされ、聞き手が自分の述べようとしていることを、真剣に聴いてくれ、理解しようとしてくれている、関心を持って聴いてくれているという実感は、クライエントに問題解決への動機づけを促すとされ、「傾聴はどんな場面でも、援助・支援者の最も基本となる姿勢」とされています[25]。

(a) よく聴く

調停担当者は、話をよく聴くようにいわれています。たとえば調停委員の基本書には、「当事者の主張を十分に聴く態度を常に持ち、当事者が積極的に話せるよう、いわゆる聞き上手になることが大事である」と書かれています[28]。ここでは、調停担当者の「十分な聴取」や「聴き上手」になることが求められています。

社会学でも、当事者からライフストーリーを聴く場合に、調停担当者と同様に「傾聴」が最も重要なスキルとされていますが、その「傾聴」では三つのレベルに注意を払う必要があるとされています[29]。

第一のレベルは、語り手が「何を言いたいのか」をしっかりと聴き、語りたいことを理解すること。第二のレベルは、「いかに語られたか」という語りの構成されるプロセスに注意を払うこと。第三のレベルは、より個人的で、内的な声（inner voice）を聴くこと、です。

調停では、当事者の話によく耳を傾けることが強調されています。しかし、それだけでなく、話のされ方や言葉に出されていないものを聴きとっていくことも大切になってきます。

(b) 深いレベルで聴く

調停では、こころの底にある声や深いレベルの話をしてくれる当事者がいる一方で、形式的な話や浅いレベルの話しかしない当事者もいます。では、

どうしたらこころの底にある声や深いレベルの話を聴くことができるのでしょうか。

社会学では人々の「生きられた経験」や「生きられた語り」との出会いが大切とされ、「話を聴きとろうとする人は、自分が想像しきれないような、あるいは想像を超えてしまっているような経験をもつ他者と向き合うこと」が大切とされています。

そして、「聴きとる」という営みには、目の前にいる相手の「生きてきた歴史」「いま生きている固有の経験」を知りたいと思い、そうした語りを、「他でもない目の前の自分に語って欲しい」と相手に要請することとされています[30]。

当事者の話は調停担当者が経験していないことだったり、つらい思いであることが少なくありません。そこでは、調停担当者は自分の経験や認識の枠で理解や判断をしてしまいがちです。しかし、当事者を本当に理解していくには、当事者の固有の歴史や経験をまず肯定し、その話に向き合うことが必要になります。

(c) 聴き上手

では、「聴き上手」とは一体どういうことなのでしょうか。畑村洋太郎東京大学名誉教授は、「聴き上手」について次のように述べています[31]。

「聴き上手の人は、一見相手の話にただ相槌を打っているかに見えますが、じつは話し手が頭の中でゴチャゴチャになっている事柄を話すのに対し、相槌を打ちながら『それは何のことなの？』といった簡単な質問や『それは面白い！』『それはこう考えてみたら』という具合に簡単なサジェスチョンを与えることで、話し手をうまくエスコートして、ゴチャゴチャな話をうまく構造化してテンプレート（型紙）をつくる手伝いをしているのです。

よく聴き上手の人に話すと、『すっきりした』とか、『自分の言っていることがわかってもらえた』という感想を漏らす人が多いのですが、実際は聴いてもらうことでゴチャゴチャだった頭の中にテンプレートができたからこうした感想を持つのです。つまり、『わかってもらえた』というより、『自分の

話していることが自分でわかるようになった』からすっきりしたのです」。

　当事者の話は、整理されていないことが少なくありません。トラブルや悩みに巻き込まれている当事者は、客観的に冷静に事態がみられなかったり、自分の考えを自分でもまだつかみきれておらず、まとまっていないことが少なくないのです。このような場合、当事者からいくら話を聴き出そうとしても、満足な話を得ることはできないように思います。

　そこでは、当事者に考えを整理させていくこと、当事者が話や考えを整理するお手伝いをすることが、調停担当者の大事な役目になってきます。つまり、話を十分聴くためには、耳を傾けるだけでなく、当事者の考えや気持ちを整理させていくことが大事になってくるのです。

(2) 留意すべき点

　当事者の話を聴く場合、話を聴く側（調停担当者側）もこころの中でさまざまな思いや葛藤を経験することになります。ここでは、話を聴く場合の留意点についていくつか述べてみたいと思います。

(a) 「話が上手な人」と「情報をくれる人」

　まず、「話が上手な人」や「情報をくれる人」に人は好感をもちやすいということがあげられます。それはどうしてでしょうか。それは、手を煩わされる人より手のかからない人のほうに、人はどうしても好感をもちやすいからです。

　また、当事者に対し、「自分を気に入ってもらいたい」とか、「話がわかる人に思ってもらいたい」というような気持ちもそこには働くでしょう。そこでは、うまく言えない人にイライラを感じたり、その人を疎む気持ちにもなってしまいます。

　しかし、ここで少し考えてみる必要があります。話の上手な人は、相手の気持ちや心理を読んだり人を動かす術を知っています。ですから、操作的な動き方をすることもあり得ます。

　一方、話が下手な人は、器用に人を動かしたりはあまりできません。話がうまく伝えられないことから、自分の気持ちや事実を正直に必死に訴えるし

か方法はないのです。

　そうすると、調停では必死に自分の気持ちや考えを語る人の話を、十分時間をかけて聴いてあげなければならないということになるでしょう。

　ここで私が述べたいのは、「話が上手な人」と「話が下手な人」とでは、話を聴く姿勢に差が生まれやすいので気をつけたほうがよいということです。特に「欲しい情報をくれる人」には好感をもちやすく、その話を信じてしまいがちなので少し気をつけたほうがよいということです。

　(b)　当事者に対する「感情」

　苦手なタイプや人の好き嫌いは、誰にでもあります。調停担当者の場合も、当事者との相性の良し悪しという問題が当然起きてきます。当事者に対する感情には、陽性感情と陰性感情がありますが、問題はこのような感情をもたないようにするのではなく、このような感情がこころの中に起きてきたときに、それを自分でもよく自覚しておくことです。

　精神科医成田善弘氏は、患者への気持ちの扱いについて、自分が好感をもつ患者のタイプ、好感のもちにくい患者のタイプを考えてみることによって、自分自身の対人関係や情緒的反応の型を知ることができると述べています[32]。

　調停においては、調停担当者は当事者と向かい合っているばかりでなく、当事者という鏡を前にして、実は自分自身とも向き合っているのです。

　(c)　当事者に対する「怒り」の気持ち

　調停担当者の話の聴き方で私が気になっているのは、当事者がつらい悩みを話そうとしたり、肝心な話題に入ろうとしたときに、調停担当者がその話をじっくり聴かないで、別の話題に話を切り替えてしまうようなことです。

　調停担当者は当事者の話をよく聴くように言われ、指導もされています。それなのに、これはどうしてでしょうか。この点につき、私は長い間、これは調停担当者の聴く姿勢の問題であろうと考えていました。

　ところが、これには調停担当者のこころの中に起こる「動揺」や「怒り」が、深く関係しているらしいということが少しずつわかってきました。

精神科医の高橋和巳氏は、カウンセリングについて述べた中で、カウンセラーのこころの中の"動揺"が、クライエントの話を聴きにくくすることを指摘しています。その"動揺"を引き起こすものは、カウンセラーのこころの中の「怒り」であるとして、次のように述べています。

「受容は単純な作業であるが、カウンセラーの側の心の動揺がそれを妨げている。心の動揺を引き起こす最大のものは、カウンセラーの心にわき起こる『怒り』である。クライエントの訴えに対するイライラ、漠然とした不満、相性の悪さと表現されるもの、そういった隠された『怒り』にカウンセラーは敏感でなくてはならない」。

「クライエントの訴えを受容できない最大の理由は、訴えや相手の態度に『好きになれないもの』があったり、『気にくわないもの』があると感じたときだ。相手を嫌っているときに、私たちは相手の話を受容できない。この当たり前のことが、カウンセリングの現場では意外と見逃されている」[33]。

また、心理学者の平木典子氏によると、「怒り」には「マイルドな怒り」（好きでない、同意できないなど）、「中等度の怒り」（イライラする、腹立たしいなど）、「激しい怒り」（カッカする、ぶん殴ってやりたいなど）の三つがあるといいます。

そして、他から脅威や刺激を受けたときに、その脅威や刺激のレベルが自分が対処できる範囲内であれば冷静に対処して怒りを感じることもないが、脅威や刺激のレベルが自分の対処能力を上回るような場合には、その脅威や刺激を振り払うために、相手に対しそれ以上の「激しい怒り」を発揮するといいます[34]。

当事者の語る悩みや話の内容は、調停担当者が今まで経験したことがないことであったり、一度も耳にしたことがないようなことが少なくないでしょう。しかも、当事者の訴える悩みや問題は、一筋縄ではいかないものばかりです。したがって、当事者の話が深刻だったり複雑だったりすると、それを耳にしたことによる"ショック"や"驚き"が当然調停担当者のこころの中に起こってくるでしょうし、「いつまで、どこまでこの話を聴かなければなら

ないのか」といった"不安"や"心配"や"怖れ"などもこころの中に生まれることでしょう。

　しかも、調停担当者は、カウンセラーのような専門的な指導や訓練を十分受けているわけではありません。したがって、難しい事件になればなるほど、調停担当者は当事者の語る内容や解決の方向性をなかなか見出せない焦りなどから、かなり"動揺"や"不安"を、そしてまた自分でも気づかない"怒り"を、当事者に感じているのではないでしょうか。

　もし、調停担当者のこころの中に「動揺」や「怒り」が起きているならば、カウンセラーと同じように当事者の話をよく聴くことができなくても、少しも不思議ではありません。

4　「秘密」の扱い

　調停では、当事者の「秘密」が語られます。この「秘密」に関しては、どのように接したらよいのでしょうか。

(1)　「告白」「打ち明け」は「信頼」という「贈り物」

　家事（離婚）調停では、当事者にとって人に一番知られたくないことや隠しておきたいことが、話の中にしばしば登場してきます。そこで、当事者の「秘密をどのように扱ったらよいか」という問題が起きてきます。

　精神科医成田善弘氏は、秘密の告白や打ち明けは「信頼」という「贈り物」であるとして、次のように述べています[35]。

　「秘密を打ち明ける相手が、きちんと受け止めてくれないのではないか」、「第三者に漏らしてしまうのではないか」という不安があっては打ち明けられない。「打ち明ける」ときには、いくばくかの不安が伴い、その不安に打ち勝って、思い切って打ち明けなければならない。つまり、「打ち明ける」とき、人は不安に打ち勝って「信頼」という人間が人間に贈る最高の贈り物を贈る。

　調停で当事者は、自分の「秘密」や「これまで誰にも語らないできたこと」を、勇気を振り絞って語ってくれています。そのことを、調停担当者はここ

ろに留めておく必要があります。

(2) 「贈り物」には「責任」が伴う

では、この「贈り物」を受け取る側の人間としては、その後どうすればよいのでしょうか。

それにはまず、「信頼」という「贈り物」をしてくれた当事者に対して、「感謝」の気持ちを示すことが必要になります。勇気を出して話してくれた当事者に対し、「よく話してくださいました」とねぎらいの言葉を述べることです。

それによって当事者は、調停担当者が自分の秘密を大事に受け止めてくれたことを理解でき、また、「告白」や「打ち明け」の際に感じていた不安もいくぶんかやわらぐことになります。

次に調停担当者には、その秘密にかかわる問題に対して誠実に、また全力で取り組む「責任」が生じてくるでしょう。当事者は調停担当者が「問題や悩みをうまく解決してくれるのではないか」という期待と信頼を寄せて、勇気を出して「打ち明け」たのです。

したがって、秘密を告白された調停担当者には、その期待や信頼に応えていく責任が生じてきます。あるいはまた、当事者の秘密を"大事に扱っていく"という責任が求められてくることになります。

成田善弘氏は、「当事者の『秘密の告白』『打ち明け』には『義務が伴う』」としていますが[35]、それはこのようなことではないでしょうか。

(3) ジョハリの窓

ここで、人が人間関係をもつ際にもつ"四つの領域"について理解しておくと、この「秘密」というものがどういうものかよくわかると思います。

アメリカの臨床心理学者ジョセフ・ラフトとハリー・インガムは、一般に「ジョハリの窓」(「ジョハリ」は考案者のジョセフとハリーの名をくっつけたもの)と呼ばれているものを考案しました[36]。そこでは、自分と他人との間で「知っている」か「知らない」かの組合せから、以下の四つの領域が考えられています(これは「人間関係の窓」ともいわれています)。

〈図表13〉 ジョハリの窓

	私にわかっている	私にわかっていない
他人にわかっている	I　開放 自分も他人もわかっている （公の私、開放された領域）	II　盲点 私にはわからない、他人にはみえている （私には見えない私）
他人にわかっていない	III　隠しているまたは隠れている 私にはわかっているが、他人にはわからない （プライベートな私）	IV　未知 私にも他人もわかっていない私 （無意識、埋もれた過去等）

津村俊充＝山口真人編『人間関係トレーニング第2版』（ナカニシヤ出版、2005）62頁から引用：一部改変

　ここで「秘密」というものを考えてみると、それは「自分は知っている」が「他人は知らない」隠している（隠れている）領域（III）ということになります。

　そして、この「隠している（隠れている）領域（III）」を他人が知るためには、その人の自己開示が必要で、「自己開示とは、自分にはわかっているが、相手には"隠しているか、または隠れている"私についての情報を提供すること」だといいます[36]。

　つまり、当事者から「信頼」を寄せられた者だけが当事者の"自己開示"に向き合うことができ、そこで初めて当事者の「秘密」に触れることができるのです。

話を理解する

ここでは、話の内容の理解の仕方について述べていきます。

1 「よく聴く」だけでは不十分

(1) 「話の聴き方」をめぐる問題

調停担当者は、当事者の話をよく聴くようにいわれています。そして、実際に当事者の話に十分耳を傾けていることでしょう。しかし、当事者から調停担当者に対する批判で昔も今も一番多いのが、実はこの話の聴き方に関する事柄です。たとえば、次のようなものがあります。

「きき方が不十分」(婦人法律家協会「家庭裁判所制度の問題点」判例タイムズ419号)、「言い分を十分きこうとしない」(日本弁護士連合会「第11回司法シンポジウム記録、国民の裁判を受ける権利㈡−民事裁判の現状と課題」日弁連司法シンポジウム運営委員会)、「当事者の不満をきいてくれない」(深田源次「弁護士調停委員への要望と期待−調停委員制度改善の視点も合わせて−」第一東京弁護士會々報 No.358)、「(家庭内暴力)相手に対する恐怖心を、まるで分かってくれない」(平成13年11月内閣府男女共同参画局「配偶者等からの暴力に関する事例調査」)。

「十分な聴取」「よく聴く」「聴き上手」に努めているのに、どうしてこのような声が起きてくるのでしょうか。

(2) 話は「わかる」ことが大事

話の聴き方においては、話が「わかる」ことが大事です。私はある家事手続案内でこのことに気づかされました。

それはある年配女性の家事相談で、相談者は嫁・姑問題や長男の問題について要領の得ない話を延々とし、女性の語るままに聴いていてはいつまでも

続きそうな気配でした。また、次の相談者も来ていて、順番を待っていました。

そこで、私は相談者に対して、「要するに、あなたが言いたいことはこういうことですね」と尋ねると、相談者は「そうです」と答えました。そこで次に、「この相談ではこういう問題も考えられる」と予想して、「あなたはこういうことでもお困りなんでしょう」と尋ねると、相談者は「どうしてわかるんですか」と驚いた様子を見せました。そこで、そのことについての若干の説明をして相談を打ち切ると、相談者は満足気に帰っていきました。

私はこの経験から、当事者の話にじっくり耳を傾けることも大事だが、それよりも、当事者の話を「わかる」ことがもっと大事なのではないかと考えるようになりました。

「十分な聴取」「よく聴く」「聴き上手」というのは、それだけで十分なのではなく、話が「わかる」ための姿勢であり手段なのです。

そう考えてみると、では「何をわかる必要があるのか」と、次に考えを及ぼすことができるようになりました。

2 何を理解するのか

(1) 当事者の話を「そのまま理解する」

これは、当事者が語ったことを、何ものもつけ加えずに「そのまま受け止める」ことです。当事者が「悲しい」と言ったら、「悲しい」とそのまま理解します。当事者が「大変だ」「つらい」と言ったら、「大変だ」「つらい」とそのまま理解することです。一見簡単なようにみえますが、やってみると結構難しいです。

私たちは当事者の話をそのまま聴いているようでいて、実は案外"色眼鏡"で見たり聴いたりしています。たとえば、当事者が「離婚したい」と言ったとすると、「もっと大変な人がいる」と考えたり、「養育費の要求額がずいぶん高いのでは」といった思いを抱きながら、話を聴いたりしています。

つまり、当事者は自分の気持ちを素直に語っているだけなのに、聞き手側が勝手に解釈や憶測をし、自分本位に理解してしまうのです。それでは、当事者の話や気持ちをよく理解することはできません。当事者の話を「そのまま理解する」ことが、「わかる」ためには重要になってきます。

(2) 「訴えたいこと」「本当に言いたいこと」を理解する

話がわかる二番目は、「訴えたいこと」「本当に言いたいこと」をわかるということです。当事者は、「訴えたいこと」や「本当に言いたいこと」は、なかなか言葉にはできないことが多いのです。

たとえば、生活が苦しい人が、「生活が苦しい」と初対面の相手に話すでしょうか。あるいはまた、精神的な病気を抱えている人が、「自分は病気」と自ら口にするでしょうか。

つまり、調停において当事者は、自分の秘密やプライドや自尊心にかかわるような事柄については、なかなか口にはしない（できない）のです。

夫婦や家族に関する問題でも同じです。夫婦や家族にまつわる問題や秘密の事柄については、一般に他人には語りたがらないのが普通でしょう。

そうすると、調停担当者には、当事者が「訴えたいこと」や「本当に言いたいこと」をよく聴きとることが求められてきます。

(3) 「背景にあるもの」「上位概念」を理解する

話がわかる三番目は、「背景にあるもの」や「上位概念」をわかるということです。たとえば、私が担当した夫婦関係調整（離婚）調停事件の中に、次のようなものがありました。

ケースは、夫の嫉妬妄想（暴力）を理由に妻が子どもを連れて北海道の伯父の家に逃げ、その後、妻が夫の住所地の家庭裁判所に離婚調停を申し立てたというものです。

調停で夫は、「冬北海道まで、妻が乗っていった車を取りにいったときの大変さ」や「フェリーで車を運んだため、金がかかった不満」、また「北海道の伯父が、夫からの電話を妻に取りつがないことへの不満」などを何回も繰り返し述べ、話はそこから進みませんでした。

このような場合、一般的には夫の気持ちをよく受け止めながら、話を聴くことが大事とされるでしょう。しかし、それでは十分ではありません。このような場合、この夫は「何を言いたいのか」を考えることが大事です。

そうすると、夫が述べる「大変な思い」や「車の搬送費」や「伯父への不満」などは、(私の理解では)「妻のために、俺はこんなに大変な思いをさせられた」、「こんなに大変な思いをさせられているのだから、妻が求める離婚にはなおさら応じる考えはない」というような気持ちであることがわかります。

このような場合、夫は「離婚には絶対応じない」と言ってしまえばよいようにみえますが、調停では「離婚には絶対応じない」と言葉で言うかわりに、このような言い方や説明を当事者はしてくるのです。

では、このような理解の仕方は、調停ではどのように役立つのでしょうか。「上位概念」で当事者の話を理解すると、相手当事者への説明がしやすくなることがあげられます。

このケースで妻に対して、「夫は冬北海道まで車を取りにいき、大変な思いをしたと述べています」、「車の搬送に金がかかったと不満を言っています」という説明をいくらしても、それは夫自身の問題なので、妻はそれを聞かされてもどうしようもなく、そのため調停の話合いも次に展開していかないのです。

そうではなく、上位概念での理解、つまり、「夫は大変な思いをさせられているので、離婚に応じる考えはないようです」と妻に説明すると、妻は考えざるを得なくなり、次の段階に調停を進めていくことができるのです。

(4) 「見えないもの」を理解する

話がわかるための四番目は、「見えないもの」を理解するということです。当事者の話は全体の中の一部分しか語っていません。あるいは、一部分だけ説明して、それで済まそうとするような場合もあります。したがって、当事者の話には「見えていない部分」が少なくないのです。

また、当事者は本心や本音というものを、素直に口にするわけではありません。たとえば、親権者変更や面会交流を求める申立人(たとえば元夫)の中

には、妻との"復縁"を求める気持ちの人がいます。しかし、面子やプライドや恥ずかしさなどから、自分の気持ちを素直に口に出すことにためらいをおぼえてしまうのです。

このような「見えていないもの」あるいは「口に出されていないもの」を理解することも、話の聴き方では大事なことです。そうすることで、事件やケースの全体像や当事者の本心がみえてくることになります。

平成8年から平成10年にかけ東京大学教養学部で開かれた「立花隆ゼミ」を受講した学生は、立花隆氏から「見えないものを見ることの大切さ」を教えられたとして、「自分に伝わってくるものは、そのすべてではない。程度の差はあれ、部分でしかない。『いま見えているものの向こうにあるものは何だろう。何が本質で、何が重要だろう』と、部分から全体を考える姿勢が育てられたように思う。同時に、みずから補えるもののレベルは、内部の蓄積、それまでのインプットしだいであることを痛感した」。「ほんとうに大切なのは、見えないものを見ようとすること、目に見えるものの向こうに必ず何かあるのを知ること」と述べています[37]。

目に見えないものを理解すること、また、事件やケースの本質はどこにあるのかをつかむようにすることが、調停では大事になってくるのです。

(5) 「文脈」を理解する

調停では、当事者の話や真意あるいは上位概念などの理解だけでなく、当事者の置かれている立場や状況、あるいは当事者間の関係や問題になっている事柄などについても理解しておくことが必要です。

つまり、「どのような状況で、今何が問題になっているか」ということについての理解です。これらは「文脈」と呼べるものです。調停を行うには、この「文脈」の理解が欠かせません。

たとえば、面会交流事件を例にとれば、子どもに暴力があった非監護親（たとえば父親）からの面会交流の要求と、暴力がない非監護親（父親）からの面会交流の要求とを同一に考えたり扱ってはいけません。

「この当事者間では何が問題なのか」、「求められているものは何か」、その

「文脈」をよく理解しておかないと、暴力のおそれのある非監護親を子どもに近づけてしまうという結論に導いてしまいかねないのです。

　当事者は、置かれている状況も抱えている問題も千差万別です。そのようなさまざまな夫婦や家族の状況や問題となっている事柄について、「文脈」をよく理解していないと、「当事者のため」と思いやっていることが、「まったく逆のことをしていた」ということにもなりかねないのです。

非言語的メッセージと観察

　ここでの内容は、前著『離婚調停の技術』(62〜64頁)でも説明していますが、重要なテーマなのでもう一度取り上げます。

1　非言語的コミュニケーション

(1)　言語的コミュニケーションと非言語的コミュニケーション

　一般にコミュニケーションにおいては、言語として伝えられるもの(言語的コミュニケーション)、言葉がどのような音声や調子で伝えられたか(準言語的コミュニケーション)、表情や動作などのボディランゲージ(非言語的コミュニケーション)の三つがあるとされています[38]。

　アメリカの心理学者アルバート・メラビアンは、対面コミュニケーションにおいて知覚される態度への寄与度について、言語内容7パーセント、音声38パーセント、表情・視線・身体の動き・外観など55パーセントとする「メラビアンの公式」というものを発表しています[39]。

　また精神科医成田善弘氏は、まなざし、姿勢、身ぶり、服装などの非言語的コミュニケーションは、ときに言葉以上に多くを語ると述べ、「面接時間の約束が守れるかどうか、患者の服装、装飾品、表情、態度、面接室に入って椅子をずっと後に引くか、あるいは前に乗り出すように坐るか、腕組みをして話すか、体をゆったりと開いて話すか、視線が合うかどうか、その他患者の示すあらゆる非言語的メッセージに関心を払い、その意味を考えなくてはならない」とし、言語的コミュニケーションと非言語的コミュニケーションとは互いに補い合い同一の意味方向を志向する場合、あるいは矛盾した方向を志向する場合、あるいは各々別の水準で行われる場合があり、「意識化された言語的コミュニケーションよりも意識にのぼらない非言語的コミュニケー

ションの方が本音であることがある」と説明しています[32]。

　家事調停では言語的コミュニケーションが中心ですが、非言語的コミュニケーションの重要性を考えると、非言語的コミュニケーションについても知っておくと役に立ちます。

(2) 非言語的メッセージの理解

　ソーシャルワークにおいては、非言語的メッセージを大事なものとして扱っています。ソーシャルワークの援助の基礎は相手の話をしっかり聴くことですが、それにはクライエントが言語的に伝えるものと、言葉以外の表情、顔色、声の調子など言葉の背後に隠された感情とがあるとされています[38]。

　そして、観察は面接においてクライエントが非言語的に発しているメッセージを読み解く手段であり、そのメッセージは言葉によるメッセージと合致している場合と矛盾している場合とがあると述べています[8]。

2　観　察

(1) 観察の方法

　ケースワークの父F・P・バイスティックは、「聴くことと観ることは一人の人間を学習する重要な方法である」と述べています[40]。では、どのように観察すればよいのでしょうか。

　ソーシャルワークにおいては、訴える言葉のみに耳を傾けるのではなく、表情や態度などを観察し、それを通して主訴の背後にあるニーズや利用者の状態などを理解することが重要とされ、以下のようなことを観察する必要があるとされています[8]。

① 行動やしぐさや表情など、クライエントが非言語的に表すメッセージ
② 会話の流れ、話の一貫性のなさや前に語ったこととのギャップ、繰り返し述べられること、一番初めに語られたことと終わりに語られたことなど、クライエントが面接における会話のなかで無意識に示していることの意味

③　ある言葉によってクライエントが連想すること
④　クライエントがストレスや葛藤を感じるポイント

　そして、堂々巡りや繰り返し、一貫性のなさなどは、クライエントが会話のなかで無意識に示していることであり、これらについては注意深く感知し、その意味を考えつつ対処する必要があること、また、観察においてはワーカー自身の解釈の仕方をつねに自覚しておく必要があり、先入観や予断を排除し、できる限り客観的にクライエントやその環境について観察できるように努め、一方的に決めつけないように留意することとされています。

　家事調停では、観察は技法として使われていません。しかし、観察は当事者を理解する重要な方法であり、そこでは当事者の出す非言語的メッセージをしっかりと受け止め、それを読み解いていくことが求められるのです。

(2)　観察による当事者理解

　フランスの心理療法家イザベル・ナザル＝アガは、身体は精神からのメッセージを受け止め、苦痛を表すことによって私たちに警告を与えてくるが、身体が何を語っているかを理解するには、身体に表れた苦痛が何を意味するのかを解読する必要があると述べています。

　そして、身体は精神的な傷も感知し、「精神的な傷とは、不安や恐れ、罪悪感、悲しみ、失望、憂うつさ、怒りなど、否定的な感情のことで」、精神の苦痛が長く続くと、それらはストレスのサインとして表れると説明しています。

　そのうえで、ストレス症状は、①精神的な症状（疲労、倦怠、憂うつ、いら立ちなど）、②身体的な症状（不眠、消化の障害、頭痛、乾癬、筋肉のこり、ホルモン異常など）、③行動上の症状（煙草やアルコールの摂取量の増加、過食症、神経過敏など）、④仕事上の症状（やる気の喪失、注意力が散漫になる、記憶の障害、能率が落ちる、失敗が増えるなど）になって表れると説明しています[41]。

　当事者の中には、配偶者との生活で神経をすり減らしている人や、夫からのDV被害を受けている人など、大きなストレスを抱えている人がめずらしくありません。

　そのような当事者の立場や状況あるいは思いを理解するには、言語的コ

ミュニケーションや言語的メッセージの理解だけでは不十分で、非言語的メッセージに込められたものをしっかり受け止め、その意味を解読しなければほんとうの姿はつかめません。

その意味で、大きなストレス下にいる当事者のケースを担当する場合は、観察による当事者理解がいっそう求められてくるといえます。

質問をする

当事者との話のやりとりでは、質問(問いかけ)がかなり重要な意味をもってきます。

1　質問法

質問(問いかけ)の仕方は、大きく「オープン・クエスチョン」と「クローズド・クエスチョン」に分けることができます。

(1)　オープン・クエスチョン

これは、枠をはめずに当事者に自由にしゃべらせるものです。たとえば、「話しやすいところから話してください」とか、「今回はどうされたのですか」といったものです。

この質問の仕方の特徴は、話の枠や制限が少ないので、当事者が自分の気持ちのままに、また自分のペースで話ができることです。その反面、当事者任せであるため話の自由度が大きく、話が拡散したり、聞き手が知りたいこととは違う方向に話が展開してしまうこともあります。

当事者が緊張しているようなときや、当事者との関係がまだつくれておらず何を聞いたらいいかわからないような場合に、最初に当事者に語らせるには、こちらの問いかけのほうが無難でしょう。

(2)　クローズド・クエスチョン

それに対して、枠をはめた質問が「クローズド・クエスチョン」です。たとえば「別れたいのですか」とか、「養育費はいくら欲しいのですか」というように直接的、具体的に尋ねる場合や、「イエス」「ノー」で答えてもらうような場合です。

しかし、反面答えは限定的であるため、話は広がりや発展性に乏しくなり

ます。

　ここで私が気になっているのは、第1回調停のはじめから、「離婚したいのですね」とか、「養育費は〇万円欲しいのですね」といったようなクローズド・クエスチョンをしている調停担当者を見かけることです。つまり、当事者のことも、ケースの背景や事情もまだよくわからない段階で、いきなり本題に迫る「枠」をはめた問いかけをしているのです。しかし、これは少し考えてみる必要がありそうです。

　申立書に申立ての趣旨は一応書かれていますが、当事者はどういう問題をもってきているのかまだわかりません。また、当事者は調停をどう利用したいのかも、調停担当者はつかめていません。背景もニーズもまだ何もわからない段階で、「こうに違いない」と決めつけた理解と質問をしてしまうのはかなり危険であるうえ、そのため話題が限られてしまい、いろいろ情報が引き出せなくなるおそれがあります。

　調停の最初の場面では、ケースの背景や当事者の考えやニーズをより広くとらえるために、申立ての趣旨以外にも隠れた欲求や思惑がないかどうかを探ることが必要なのです。そのためには、最初は探索的な問いかけが求められます。

　そうすると、第1回調停の最初の場面では「オープン・クエスチョン」で問いかけ、当事者にまず語らせるほうが無難ということになります。

　たとえば、「離婚と書かれていますが……」とか、「どうされたのですか」「ずいぶん思い悩まれたのでしょう」など、当事者の気持ちをある程度くんだうえで、「オープン・クエスチョン」で話を広く受け止める問いかけがよいと思います。

　そして、背景や事情やニーズがある程度把握できたら、核心に迫るため「クローズド・クエスチョン」を織り交ぜて聴くのがよいように思います。

(3) **質問の目的**

　質問には大きく二つの目的あります。一つは、話し手からさらに多くの情報を得るための対話的質問です。もう一つは、相手から聞いたことを自分が

理解できているかを確認するためのパラフレーズです。

　パラフレーズとは、相手の言ったことを自分で理解しているかを確認するための言い換え文のことです。そして、この発問は、コンフリクト解決での潜在的ニーズを掘り下げていくものとされています[27]。

2　良い質問をする

　調停担当者は誰もが、「良い質問ができるようになりたい」と思っていることでしょう。では、どうしたら良い質問ができるのでしょうか。

(1)　「なぜ？」はなぜいけないのか

　当事者から話を聞く場合、「なぜ……？」と聞くことが少なくありません。しかし一般に、「なぜ……？」という聞き方はしないほうがよいとされています。

　社会心理学者の鈴木淳子慶應義塾大学教授は、「『なぜ〜と思いますか』『なぜ〜したんですか』という質問は便利だが多く使いすぎてはいけない。とりわけ相手が子どもの場合は『なぜ』ばかりたずねないようにする」と説明しています。

　その理由として鈴木教授は、「『なぜ』という質問はインフォーマント（話し手）に分析や解釈をゆだねることと同じであること、また、『なぜ』と聞くと、人によっては、不正なことをしたと面接者に思われてとがめられているという印象を受けるかもしれないからで」、「このような場合は『なぜ〜をしたんですか』より『〜をしたことには何か理由がありますか』とたずねるほうがよい」と説明しています[12]。

　また、鈴木有香氏も「なんで」「どうして」「なぜ」と尋ねるよりも、相手からの説明を請う形式である対話的質問をしたほうがよいと説明しています[27]。対話的質問とは、具体的には〈図表14〉のような質問のことです。

〈図表14〉　普通の質問と対話的質問の例

普通の質問	対話的質問
どうして、昨日までやらなかったんですか。	昨日までにできなかった理由をちょっと説明してもらえませんか。
なぜ、そんなことをしたの。	そうした理由を教えてくれる？
なんで、できないの。こんなことが。	できなかったわけを聞きたいんだけど‥。

八代京子監修＝鈴木有香『交渉とミディエーション』（三修社、2004）122頁より引用：一部改変

(2)　良い質問をする秘訣

　良い質問をすると、良い答えが引き出せます。では具体的に、どうしたら良い質問ができるのでしょうか。これについて私の場合、立花隆氏の説明が参考になりました。立花氏は、良い質問には準備と想像力が欠かせないといいます。そして、想像力が豊かであれば単純な質問に満足せず、質問を積み重ねて具体的事実を掘り下げていくことができること、また想像力を養うには、良質の文学と心理学が役に立つと述べています[42]。

　以来、私は想像力を働かせて当事者の話を聴くように努めています。「こういう場合、私だったらこう思うだろうな」、「こんな中で暮らしていたらこう考えるのではないだろうか」と、いろいろ思いめぐらせた考えや気持ちを当事者に返しながら、次の質問につなげて聞いていくのです。

　そうすると、当事者はより内面を語ってくれ、その話が自分の中に鮮明に伝わってくるようになりました。

(3)　当事者の気持ちに沿う質問

　では、想像しての質問とはどういうものでしょうか。精神科医の成田善弘氏が参考になるケースを述べているので、少し長いですが紹介します。

　ある女子高校生が、校則違反、性的問題行動、不眠、頭痛などのため、教師に付き添われて受診してきました。治療者が母親の来院を求めると、女子

高校生は頑なに拒否しました。女子高校生は、自分が夜遊びで帰宅が遅くなっても母は先に寝ていて何も言わないと語り、「私は信用されているから」と言いました。女性治療者は、「そうなの、お母さんはあなたを信頼してくれているのね」と応じ、その話題はそこで終わったというケースです。

　ここで治療者の面接が深まらなかったことについて成田氏は、治療者としては"想像力"を働かせる必要があるとして次のように述べています。

　「その女性患者は、母親が自分を叱ってくれないことを淋しくかつ不満に思っていたかもしれない。自分で自分をコントロールすることができなくて性的問題行動に走ってしまう、そういう自分を母親がコントロールしてくれないことに憤りを感じていたかもしれない。夜遊びで帰宅が遅くなること自体が、母親の自分への関心を呼び醒まそうとする一つの努力であったかもしれない。それに応えてくれない母親の無関心を母親に見捨てられたと体験し、孤独感、無力感を抱いていたかもしれない。しかし、母親への怒りを表出すればますます母親を自分から遠ざけることになったであろう。『見捨てられ』を自覚することは彼女には耐えられない心の痛みであったろう。そこで、怒りも見捨てられ感も意識に上らぬように、『私を信用してくれている良い母』という防衛をつくっていたかもしれない。(中略)そうすると治療者は、『お母さんなら起きて待っててくれてもいいのにって気がして、腹が立つの？』とか、『お母さん関心を持ってくれなくて淋しいね』とかきいてみるべきだったかもしれない。こういう質問（解釈）が正鵠を射ているとき、患者は本当にわかってもらえたと感じるだろう。こういう質問が、患者がそれまで自覚していなかった体験過程に沿ったものであって、しかもそう感じることはきわめて人間的なことだとのメッセージが治療者の態度から患者に伝わるとき、患者は自分が理解され受入れられたと感じるだろう。(中略)『私は信用されているから』と患者が言ったとき、そこに治療者が何ら問題性を感じないでそのとおりにわかってしまったのでは話が深まらない。つまり受容が浅いレベルに終る」[32]。

　調停で当事者が語る話についても、想像しながら話を聴いてみてはどうだ

ろうか。たとえば夫婦関係調整（離婚）事件で、夫との会話がないため離婚を求める妻の話を聴くような場合、私は妻の説明や主張だけでなく、その妻が「どんな思いや気持ちでこれまで暮らしてきたのだろうか」、と想像しながら話を聴くようにしています。

そうすると、妻が求めているのは実は夫との会話ではなく、「夫に支えてもらいたい」とか、「淋しい」という思いであることが少なくありません。申立書にも妻の話にも、「淋しい」という言葉はどこにも出てきません。しかし、妻の心の中を想像しながら話を聴いていると、これが見えてくるのです。

当事者の話を「それなら大変だろうな」、「よく辛抱してきたな」、「子どもを抱えて頑張ってきたんだな」といろいろ想像してみます。そうすると、それは当事者の姿や本音に一歩近づいていることになるのではないでしょうか。

(4)　**インテリジェンス**

では、想像力を駆使してケースを深く理解できるようになるには、どうすればよいのでしょうか。それには、話や情報をより高く、より深いレベルでとらえることが必要になってきます。

大手銀行調査部のエコノミストの経歴がある小沢雅子桜美林大学教授は、情報はデータ、インフォメーション、インテリジェンスのどのレベルでとらえるかにより違ってくると述べています。インテリジェンスという言葉は日本語に訳しにくいのでここではそのまま使いますが、「知的情報」というような意味に受け取ってもらえるとよいと思います。

たとえば、"1985年の労働力調査から、有配偶女性の50.2％が職につき所得を稼いでいることがわかった"という情報を例にとると、データは50.2％という数字で、有配偶女性の半分強が所得を稼いでいるという事実表記のこと。インフォメーションは、所得を稼いでいる有配偶女性のデータが必要になったら厚生労働省の労働力調査をみることというもの。インテリジェンスは、50.2％というデータは過去のデータや海外と比べて高いのか低いのか、今後増えるのか減るのかを調べたり、あるいは「有配偶女性の就業率が高くなったのは、経済成長率が低くなり亭主の賃金が増えないからではないか」と仮

説を立てたり、「低成長が続く限り、職に就く女性は増え続けるのではないか」と予想したりするように思考範囲が広がるものであると述べています。

さらに、情報の把握のレベルの違いにより情報の活用方法や対応が異なってくるうえ、インテリジェンスの程度や傾向は人によって違うので、その違いも情報活用や対応方法に差異をもたらすと指摘しています[43]。

3　こころに迫る質問

調停では、当事者のこころの中にある思いやニーズを引き出すことが必要になります。

(1) 「思い」を引き出す

当事者のこころの中にあるニーズを引き出していくには、当事者の「思い」を丹念に聴くことが必要です。

ソーシャルワークでは、当事者の感情を掘り下げ、感情表現を促す対応や、何を求めているのか、どうしたら手に入るのか、その方法を探しやすくすることが重要とされ、それには、以下のような語りかけによって当事者の「思い」を引き出すことが有効とされています[8]。

① 当事者の感情に配慮する
　「どのように思われますか？」
　「感じたことを話してみてください」

② 当事者の決意を引き出す
　「どのようなことをしたいですか？」
　「何をしようとしているのですか？」
　「どうしようと思っていますか？」

③ 選択肢や目標を導き出す
　「この状況で何を望みますか？」
　「何を選びますか？」
　「何をやり遂げたいのですか？」

「状況がどう変わったらいいと思いますか？」

「あなたが選択した結果はどうなるでしょうか？」

　当事者のニーズをつかむため、調停担当者もこのような質問をしてみてはいかがでしょうか。

(2) 問題を掘り下げる

　当事者の思いやニーズをしっかり理解するには、問題の掘下げが必要になります。それには、当事者の問題を当事者自身が認知・行動レベルで探索することができるように励ましや援助の働きかけが必要で、具体的な働きかけとしては以下のようなものがあるとされています。[8]。

① 問題を掘り下げる

　「そのことについてもう少し詳しくお話していただけませんか？」

　「どうしてそう思われるのですか？」

　「いくつか例をあげていただけますか？」

② 問題の意味を明らかにする。振り返りと同意

　「そのことはあなたにとってどんな意味がありますか？」

　「それは大変でしたね」

　「だから困ったのですね」

③ 当事者自身の特徴に気づかせる

　「あなたのようなタイプの人には、どのような方法がうまくいくと思われますか？」

　当事者の思いやニーズを把握するには、当事者の話を傾聴するだけではできません。そこにおいては、当事者の思いを引き出したり、当事者の問題を当事者自身に掘り下げさせていくことが必要になってきます。

当事者との話のやりとり

1 難しい場面でのやりとり

　当事者が話合いの枠に収まらないような場合、話合いの席に着かせるための働きかけが必要になります。

(1) 相手を非難、攻撃する当事者

　相手当事者やその家族に対する非難や攻撃を、長々と行う当事者はめずらしくありません。当事者は、対立当事者への批判や非難をいくらでも出してきます。当事者は、自分の感情を吐き出したり、言い分を強く訴えたり、相手の価値を下げようとしたりします。このような場合、当事者にはどう対応したらよいのでしょうか。

　こういう場合、私はその当事者の批判や非難の「非生産性」と「馬鹿馬鹿しさ」を、たとえ話を使ったりしながら伝えるようにしています。そして、相手当事者への批判や攻撃は、最終的には自らに跳ね返ってくることを理解させます。そうすると、大抵の当事者は、それ以上相手を批判したり攻撃するのをやめるようになります。

　それでも非難や攻撃をやめない当事者はいますが、そのような当事者には「調停での話合いは無理であること」を述べ、別の解決方法を選択するように説明します。

　調停の枠や話合いの席に着こうとしない当事者にまで、調停担当者はつき合う必要はありません。こうすると、非難や攻撃に一生懸命の当事者を話合いの席につかせたり、ある程度コントロールすることができるようになります。

(2) 調停担当者に食ってかかる当事者

　当事者は自分の意に沿わないと調停担当者を攻撃したり、調停担当者の姿

勢や言動に反発を見せたりしてきます。これに対してはどう対応どうすべきでしょうか。

　このような当事者は調停担当者や調停に不満がある場合もありますが、実はそれとは関係ないことで、最初から何らかの思いを抱いていることが多いように思います。過去の当事者の人間関係が二重写しになり、反映されている場合もあります。

　ある夫婦関係調整（離婚）事件で、相手方（夫）が調停担当者に猛烈に反発の姿勢を見せたことがありました。調停担当者は自分が非難されていると思っていましたが、家庭裁判所調査官（私）が話を聴いたところ、相手方（夫）は少年院に入っていたことがあり、「それから俺の人生がおかしくなった」と家庭裁判所に反発の気持ちをもっていることが明らかになりました。

　また、調停では自分が不利になる兆しを感じたり、聞かれたくないことを聞かれそうになると、演技してくる当事者がいます。さらに当事者の中には、調停担当者を攻撃してくる人もいます。こういう場合、往々にして何とか当事者にわかってもらおうとして丁寧に説明したり、言い訳に及んでしまうことがありますが、逆にその言葉尻をとらえられたりして、さらに攻撃されてしまうことがあります。

　このような当事者に対する私の対応の基本は、「決して争わないこと」です。こういう当事者には、いくらまともに説明しても、それで納得を得ることはほとんど期待できません。

　当事者には「あなたのおっしゃることはわかります」と、まず話を聴いている姿勢とメッセージを伝えればよいと思います。それ以上刺激しないためと、攻撃材料を提供しないためです。そうすると、当事者はこちらを攻撃する材料や手がかりを失い、次第におとなしくなってくるように思います。この場合、当事者の話は聴いているという姿勢はとっていますが、話の内容まで受け入れているわけではないことが重要です。

　次に、「あなたがおっしゃりたいことはどういうことですか」と当事者の言い分をとにかく聴くのです。そうすると、当事者は攻撃の姿勢を変え、自分

の言いたいことを話し始めます。

　何を言っても通じない精神的に問題のある当事者にも、このような対応の仕方は効果的です。精神的に問題のある当事者に対し、私はこの方法を使い事態を収拾したことがあります。

(3) 聞きにくいことを聞く

　調停ではあらゆる話題が登場します。その中には、調停担当者が聞きにくい事柄もあります。当事者の浮気や異性関係、性生活、借金問題、家族への暴力などは、調停の場でなかなか切り出せない話題です。これらはどう聞いたらよいのでしょうか。

　結論からいえば、率直に聞くことです。ただし、前置きをしたり、当事者に断りを入れます。断りとは、「立ち入ったことを聞いて申し訳ないけど」とか、「言いにくいかもしれないけど」、「ちょっと気になっているので」といった言葉です。そうすると、大抵の当事者は素直に答えてくれます。

　聞きにくい事柄を聞けないのは、当事者側に問題があるのではなく、調停担当者側にひっかかりがある場合がほとんどです。話を真摯に受け止めてくれる調停担当者には、当事者も素直に語ってくれます。

2　典型的な当事者への対応

　ここでの内容は、前著『離婚調停の技術』(83～88頁参照)でも触れていますが、初めて読む方もいると思いますので、もう一度説明します。

(1) 話が止まらない人への対応

　当事者の話がまとまりを欠いていたり、何を言いたいのかわからないときがあります。鈴木秀子聖心女子大学名誉教授は、「長々とすることがよくある」が、「こうした話への対応はむずかしい」と述べています[39]。

　このようなときには、「要約」と「焦点づけ」という傾聴技法が極めて効果的とされています。「要約」とは、話の聴取が一つの区切りにきたとき、それまで話した内容を簡単に要約し、理解が正しいかどうかを確認してもらうこ

とです。そして、要約のコツは、「まとめる範囲が広くなればなるほど、簡潔に短く行うこと」とされています。

一方、「焦点づけ」とは、話し手の話の内容や流れを聞き手の望むように方向づけるための聞き方で、話のアウトラインをできるだけ早くつかみ、その中に含まれている要素を把握し、多数ある問題の一つひとつに順番に焦点を当てて聞いたり、時間の経過ごとに区切って焦点を当てて聞いていくような方法です。

そして、話が止まらない話し手には、ほんの少し間が開いたときに、「今までのお話には大切なことがたくさんあったように思いますので、ちょっと整理させてください」と言って誘導しながら整理することが、良い対応の仕方とされています[6]。

また鈴木秀子名誉教授も、機関銃のように言葉を吐き出すタイプの人は言葉を選ばずしゃべっているので、話のポイントを整理させる必要があるとし、このような場合には、「なるほど、では、ここでもう一度話を整理してみましょうか？」、「いま、あなたが望んでいることは、一言で言えるでしょうか？」、「要するに、問題は〜ということでしょうか？」といった「まとめを促す質問」が効果的であると説明しています[39]。

(2) 納得できない話の受け止め方

当事者の話に納得がいかない場合でも、調停担当者は話を聞かなければなりません。このような場合、どう話を聞いていけばよいのでしょうか。

このような場合、「なるほど」、「ふむふむ」、「そうですか」といった「相づち」がよいとされています。

その理由は、これは「あなたの言うとおりだと思います」という意味での「相づち」ではなく、実際には「なるほど、あなたはそう思うんですね」という意味で、そこでは「あなたの話を聞いています」、「あなたの話に興味をもっています」という意思を示し、このような場合、相手は「あなたはそう思うんですね」というメッセージを受け取ったわけで、「完全には同意はしてくれていない」という情報と「否定・拒絶はされていない」という情報の両方を

得るため、さらに話をしてわかってもらおうという意欲をもつことになる「受容の相づち」になるためとされています[39]。

(3) 避けたい応答パターン

ソーシャルワークにおいては、クライエントとソーシャルワーカーがよりよくコミュニケーションすることを妨げる働きをする表現を紹介しています。それによると、面接で避けたい応答パターンには、以下の15パターンがあるといいます[44]。

① 道徳的・説教的な表現をすること
② 時期尚早の助言や提言、解決方法の伝達
③ 説得や理屈の通った議論
④ 判断、批判、非難
⑤ 分析、診断、劇的な解釈
⑥ 根拠や意味のない「再保証」および「同情」「言い訳」
⑦ クライアントの問題を軽くみせるような皮肉やユーモアの使用
⑧ おどし、警告
⑨ 質問責め（同時にいくつもの質問をすること）
⑩ 誘導尋問
⑪ 不適切、あるいは過度に話をさえぎること
⑫ 会話の独占
⑬ 社交的な会話を助長すること
⑭ 受け身的な応答
⑮ クライアントの話のおうむ返しや同じ表現の繰返しなど

調停担当者は、このような応答パターンについて学ぶ機会がほとんどありません。それだけに、調停担当者は自分でも気づかないまま、このような応答をしてしまっていることが案外あるのではないかと私は思っています。

Ⅶ 判断をする

1 事実を理解する

　当事者から聴いたさまざまな主張や説明をどう判断していくか。ここからが調停担当者の重要な仕事になります。

　ここで判断する事柄は二つあります。一つは事実関係を正しくつかみ、解決すべき事柄や問題を明らかにすること。もう一つは、その問題に対し妥当な解決案を検討し、解決に向けて動いたり働きかけを行うことです。

(1) 事実の重要性

　三菱総合研究所の牧野昇元会長は、事実確認の重要性について、「『事実を確かめること』—これは知的生産に従事したり、問題解決に取り組むときに、最初に心得なければならないことである」と述べています[45]。

　また、ある事柄が起きたような場合に、人はその原因を知ろうとしますが、それは「たんに安心感を得るためばかりではなく、次にどう行動すべきかという意思決定の基盤を得るため」といいます[46]。

　家事調停においても、紛争の実情をしっかりとらえることが必要です。しかし、対立する当事者間にあって、紛争の実情や事実を把握することはかなり難しい作業です。

　そこで、事実をしっかりとらえていくために、事実とはどういうものかを最初に考えてみましょう。

(2) 「主観的事実」と「客観的事実」

　家庭裁判所では事実について、「客観的事実」（ある時、ある場所で生じた、ある人間の、ある出来事）と「主観的事実」（それにかかわった人の主観的な経験）の二つがあるととらえています[47]。

　また、心理学者R・ネルソン＝ジョーンズは、「ひとつの関係の中にいる場

合、人はそれぞれ自分と相手に関する偶像を作り上げて」おり、「人が知覚しているのは主観的事実で、必ずしも客観的事実ではない」こと、「主観的事実は自分の都合に合わせた、現実に関する推論をたくさん含んでいる」と説明しています[1]。

ですから、当事者から話を聴く場合、そこでの話は当事者の主観的事実であって、現実に関する推論が含まれていること考えておく必要があります。では、なぜ主観的事実が生まれるのでしょうか。

(3) 人は違った世界をみている

ハーバード・ネゴーシエーション・プロジェクトによると、一人ひとりの人間がみている世界は情報と解釈によって導かれ、そのため人は世界についていろいろと違ったストーリーをもつが、その理由は一人ひとりが違った情報を取り入れ、また独自のやり方で情報を解釈しているためで、ストーリーは無意識に体系だった方法でかたちつくられると説明しています。

そこでは、人は最初に情報を取り入れ、視覚、聴覚、触覚によって世界を経験し、次に見聞きしたことや感じたことを解釈して情報にさまざまな意味を付与し、それから今の事態についての結論を引き出すこと、そのため、すべての段階でストーリーがいろいろなものに分かれていくのだとしています[48]。

また、人間にはストーリーを好む傾向があり、ストーリーを好むのは、「時系列順に与えられた事実からさまざまな因果関係を推測できるためで、その因果関係こそ、私たちの脳にとって必要で、役立」ち、また「事実にもとづいた話でも、言葉の順序の入れ換えや関連ある情報を省いたり加えたりすることによって、聞き手や読み手の推理を思い通りに変えられる」のだといいます[49]。

ですから、当事者双方が同じ場所にいて、同じ経験をしていても、そこでの情報の取り入れや意味づけは各々異なっているので、お互いの認識や理解は違うものになってしまうのです。

また、そのことを人に語る場合には、言葉の順序の入れ替えや関連情報の

取捨選択があり、説明の仕方や説明する言葉の選択により、説明の内容がまったく違うものになってしまうのです。

当事者双方の述べる話の内容が噛み合わなかったり、事実が一致しないのも、このような要因が関係しているためと考えられます。

2 事実をめぐる問題

ここでの説明は、前著『離婚調停の技術』(99～103頁) でも触れています。

(1) 事実と出来事

事実に関する問題の一つに出来事との関係があります。山鳥重神戸学院大学名誉教授は、出来事の記憶について、「出来事は、起きたこと、場所、時間、その時の感情、その時の考えなどのさまざまな情報の複合体」で「自分にとって重要だった部分が重ねられ、イメージのかたまりをかたち作っていく」こと、「出来事の記憶では、起きたことだけでなく、その時の気分や考えや雰囲気も一緒に理解していく」と述べています[50]。

ですから、調停で当事者から事実や出来事を聞こうとすると、そこではどうしても事実や出来事といっしょに、当事者のそのときの思いや感情やその場の雰囲気といったものがいっしょに語られることになります。

(2) 争いのある事実

一般に、「事実や真実は一つ」と人は考えがちです。しかし、実際にはそうではありません。特に紛争状態にあるような場合には、事実は一つに収まりきらない傾向があります。

ハーバード流交渉術によると、「エゴを持った人は、自分に好都合な地点から物事を見ようとし、しばしば主観と現実とを混同」すること、「物の見方、考え方に相違があるかぎり、意見の対立は存在する」とし、「物事は、どこに立ってそれを見るかによって全く違って見え」、「究極的には、争いは客観的事実にあるのではなく、当事者の頭の中にある。真実は、その争いを処理するに当たって持ち出される一つの議論に過ぎない」と説明しています[51]。

また、棚瀬孝雄弁護士も、医療事故に関する論稿において、事実というものは一義的に決まるものではないうえ、医療者と患者側はその立場の違いから事実のとらえ方に根本的な違いがあると説明し、事実の「非一義性」というものを述べています[52]。

つまり、事実というのは当事者の頭の中で組み立てられる性質があり、また立場によってもとらえる視点が異なるため、対立する当事者間においては、相手の述べる事実には同意しない傾向があるのです。

また、紛争場面においては、「誰が正しいか」をめぐって争われ、そこでは、「相手は、問題はあなたにあると考える」のだといいます[48]。

実際調停で合意が成立したような場合、その合意や解決の決め手となったのは事実や真実といったものではなく、たとえば相手に対する思いやりの気持ちだったり、相手を受け入れる姿勢に変わったことがきっかけであったりすることが多いように思います。

相手を受け入れる姿勢になったときには、事実や真実といったものにはもうこだわらなくなっていて、そのため相手との間で合意ができ、紛争も収束をみるのです。

(3) 話の不透明性

話には"不透明性"という性質があります。当事者が本当のことしか言わないのなら、理解は簡単です。しかし、実際には、自分の思い込み、相手を非難するための誇張や強調、自分が悪者にならないための虚偽、自分の問題行動の否定など、さまざまな言い方を織り交ぜて話をしてきます。

したがって、当事者の話の中から事実を見出していくには、不透明な話の中から事実や事実にまつわる事柄をしっかり押さえ、理解していかなければなりません。

福田和也慶応義塾大学教授は、会話の不透明性と事実把握の難しさについて、対話においては何が事実であるかはあくまでも対話者同士の形成する文脈に沿って判断され解釈されなければならず、対話において何が真実で、何が虚偽なのかを判別することは、きわめて難しいと述べています[53]。

(4) 嘘と隠蔽

当事者が事実を隠したり嘘を語ることも、事実をめぐる悩ましい問題の一つです。そして、調停担当者がその嘘や隠蔽を信じてしまうことに対しては、対立当事者から批判もされています。

たとえば、「相手の不誠実や虚言を問題にせず」とか、「男性・夫の言うことを信じてしまう」といったような批判です[54]。

一方では、別席調停が"嘘や隠蔽の温床になっている"という鋭い指摘もあります。伊藤直文大正大学教授は、身内の紛争を他人に打ち明ける場合、世間の目を意識するが、そこでは話したい気持ちと話したくない気持ちの葛藤が高まると同時に、「自分にとって有利にことを進めたい」という気持ちも働くため、嘘や隠蔽がめずらしくなく、とりわけ、現状の調停のような別席面接の構造は、嘘や隠蔽の温床となりやすく、「嘘や隠蔽は、個々の事実だけでなく、主張・真意そのものについてもなされる」と説明しています[55]。

このことは、調停に同席していて時々感じさせられることです。当事者の説明に嘘や隠蔽がうかがわれても、別席調停の下では当事者から別々に話を聞くため、当事者が同席しての事実確認や事実を詰めていくことができにくいのです。

その結果、一方当事者の嘘や隠蔽は大して問題にされないまま、調停が進められてしまったりもします。このことは、別席調停における一つの盲点ではないかと私は考えています。

3 事実理解の留意点

(1) 事実の理解

紛争を理解したり解決策を考えていく場合、事実が出発点になります。そのため、事実をしっかり把握する必要があります。

実際調停委員の手引書『新版調停委員必携(家事)』(2015)には、家事紛争の解決の基礎は、「当事者の主張を明確にすることと事案の実情を正しく理

解することにある。調停委員会がこれらを正しくつかんでいないと適正妥当な解決の方向を決めることができない」と書かれています[28]。

しかし、実際にはこの事実をつかんでいくことに、調停担当者はかなりの困難を感じているように思います。

たとえば、調停担当者の事実のとらえ方の一つに、「申立人は○○と言っています。一方、相手方は××と言っています」というのがあります。つまり、ある事柄に関して、申立人と相手方双方の説明をそのまま述べるというものです。しかし、このような事実のとらえ方では、事実がどこにあるのかはっきりとはわかりません。

申立人と相手方から事情を聴き、双方の説明をそのまま受け止めているだけでは、事実をとらえたことにはなりません。

したがって、調停での事実理解では、申立人と相手方から説明を聞き、食い違いがある状況下で、「事実はこの辺に違いない」と事実を収斂させていく必要があります。

また、そこでは当事者からの反論も想定して、「どうしてそれが事実になるのか」ということを、調停担当者がしっかり説明できるようにしておくことが求められます。

(2) 中立的立場の問題

事実理解にあたっては、調停担当者の中立的立場の問題もあります。調停担当者は当事者双方に公平な態度で接する必要がありますが、事実の把握に関してもこの公平性や中立性が発揮されてしまうことがあります。

たとえば、申立人妻が相手方夫から暴力を振るわれて診断書があるのに、相手方夫が「暴力は振るっていない」と述べたとすると、中立的立場の意識から双方の言い分を同じ重みで受けとめ、結局、夫の暴力の事実が判断できなくなってしまうという問題です。

ここで考えなければならないことは、事実に対する「中立的姿勢」というものです。事実に対しては「わかる」か「わからない」かが、あるいは「つかめる」か「つかめない」かが重要です。

暴力という事実に対して「中立的」「客観的」「公平」な立場で話を聴くということは、調停担当者の姿勢としては一見間違っていないようにみえますが、そのために事実をきちんと把握できなかったり、暴力被害者の妻の訴えを十分くみ取れないというのであれば、それは暴力を振るう加害者（支配者）側に立つのと同じことです。

したがって、事実を尊重する立場から考えると、調停担当者には立場的中立性とは別の「事実に向き合う姿勢」や"勇気"が求められるように思います。

それは、「真面目に暮らしている人や正直な人が正当に評価されるということ」、あるいは「不真面目な人や問題のある人が、真面目な人と同等に評価されてはいけないということ」と言い換えることができるかも知れません。

家事調停の基盤にある価値の一つに「社会正義」がありますが（『離婚調停の技術』131〜132頁参照）、それはここでの説明とも関連してきます。

4　主張と事実のとらえ方

(1)　「事実の裏づけのある主張」と「事実の裏づけのない主張」

当事者の主張には、「事実の裏づけのある主張」と「事実の裏づけのない主張」があります。このことを、三段跳び箱モデルを使いながらみてみることにしましょう。

「事実の裏づけのある主張」とは、当事者の「生活」と一致し矛盾しない

〈図表15〉 事実の裏づけのある主張　　〈図表16〉 事実の裏づけのない主張

「主張」です。三段跳び箱モデルでみると、「生活」と「主張」との間に不一致や矛盾がない主張で、〈図表15〉のような場合です。

　このような主張は、生活（具体的な事実）の裏づけがあるので強固でぐらつくことはありません。主張や説明は筋が通っており、話にもブレがなく、当事者は真剣な態度でどんどん話をしてきます。聞く側としても、話の流れや説明に矛盾や疑問を感じることが少ないうえ、その背景まで含めて話をよく理解することができるので、聞いていて納得できることが多いです。

　一方、「事実の裏づけのない主張」とは、「生活」と矛盾していたり、不一致や食い違いが感じられる「主張」で、〈図表16〉のようなものです。この場合、当事者の生活はすでに起きた出来事でいまさら変わることはないので、それにそぐわない「主張」がどこか“おかしい”ということになります。

　「事実の裏づけのない主張」の場合、当事者は具体的な話をすることを微妙に避ける傾向があります。また、話が簡単に終わったり、奥歯にものがはさまったようなはっきりしない言い方だったり、話題をすぐ別のほうに移してしまったりします。あるいは、聞かれたことにはまともに答えないで、関係のないことや一般的な話に変えてしまったり、自分の考えをとうとうと語ったり、抽象的な話をしたりして、微妙にごまかしてくることがあります。

　ところが、当事者の話をこのように生活と主張の照らし合わせをしないまま聴いていると、話が一見もっともらしく聞こえるため、聞き手はそれを事実と受け止めてしまいやすいのです。これを防ぐにはどうすればよいのでしょうか。

　それは、三段跳び箱モデルを念頭に置き、「暴力はない」と当事者が主張するような場合、その主張に「生活と矛盾するところはないのか」、「主張は生活と一致しているのか」、「その主張には生活の具体的な裏づけはあるのか」ということを考え、その「主張」を「生活」と照らし合わせてチェックしていくことです。そうしないと、「事実の裏づけのない主張」が一見もっともに思えてしまい、事実を見間違うことにもなってしまいます。

　また、「生活」を探りながら聞く姿勢をもっていないと、当事者は自分の本

当の生活に言及されるおそれがないため、自分に都合のいい話や勝手な主張をいくらでもしてきます。特に、暴力や虐待などのように加害者がなかなか認めないような事柄を確かめていくには、当事者の具体的な生活（過去の動かない事実）に言及することがぜひとも必要になってくるのです。

(2) 「ケースがわかる」とは

調停ではケースがみえる必要があります。その事件がどのようなものか、しっかり理解できなければ、それに即した調停をしていくことはできないでしょう。では、「ケースがわかる」とは一体どういうことでしょうか。

それは端的にいえば、当事者の生活、感情、主張が、「脈絡をもって理解できること」といえます。つまり、当事者はどういう生活をしているのか。その中で、当事者はどういうことを考え、どういう思いでいるのか。そのような生活や思いから、どのようなことを大切と考え、どのようなことを求めているのか。どのようなことを希望し、どのようなことを訴えたいのか。これらが一連のつながりのあるものとして脈絡をもって理解できること、これが「ケースがわかる」ということです。

これを、夫の子どもに対する虐待を理由に、夫婦関係調整（離婚）調停を申し立てた妻の場合を例にとって考えてみましょう。たとえば、この妻の話を整理すると、〈図表17〉のような三段跳び箱モデルになったとします。

〈図表17〉 児童虐待事件のケース理解

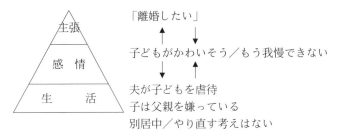

このように妻の話が"脈絡"をもって理解できたとき、そのケースが「わかる」といえるのです。

5　正当な主張

当事者の主張には、「正当な主張」と「正当でない主張」とがあります。

(1)　「主張」「根拠」「論拠」

「正当な主張」を理解するには、「議論のモデル」についての理解が必要です。そこで、まず「議論」というものの構造について学んでおくことにしましょう。

福澤一吉早稲田大学教授は、議論を行うには「主張」「根拠（経験的事実、データ）」「論拠」の三つが必要と述べています。

「主張」とは、自分が一番言いたいこと。「根拠（経験的事実、データ）」とは、主張と対になって示される理由。「論拠」とは、主張と根拠をつなぐ役目をする「意味づけ」で、その根拠からどうして主張が導かれるかの理由に対応するものといいます。そして、福澤教授は、三者の関係を〈図表18〉のように図示しています。

〈図表18〉　「議論のモデル」図

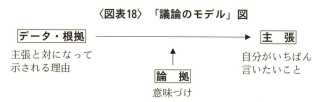

福澤一吉『議論のレッスン』（日本放送出版協会、2002）81頁から引用：一部改変

福澤教授は、自分の意見を言ったり、主張したり、結論を出したり、また何らかの意見に対して反論する場合には、その発言の裏づけとなる「根拠・事実」を示すことが必要で、根拠を出すことは、「あなたの主張になにか具体的な証拠はありますか？」という質問に対する答えを出すことと同じであるとしています。

また、根拠を単独で提示しても、それがなぜ主張に関連するのかはっきりしません。そこで、根拠と主張を結合させるためには「論拠（理由づけ）」がさらに必要になり、「論拠」を出すことは、「あなたが提示した根拠が、どう

してあなたの主張と関連づけられるのですか?」という質問に対して答えることと同じであると述べています。

そして、議論においては、「論拠（理由づけ）」が根拠に対して重大な役割をもっており、その根拠によって主張が指示されるので、「論拠は議論の根幹」だが、「論拠（理由づけ）」はほとんど表には出てこないものとしています[56]。

この議論のモデルを参考に考えてみると、調停で当事者の話や説明を聴く場合には、その「根拠」や「論拠（理由づけ）」を押さえたり、確認をしながら話を聴く必要があるということになります。

(2) 「正当な主張」とは何か

「正当な主張」とは、「主張」「根拠」「論拠」が筋が通り趣旨一貫しているものです。たとえば、夫が生活費を渡してくれないため、「生活できない」として妻が離婚調停を申し立てたような場合、その説明は〈図表19〉のように図式化できたとします。

〈図表19〉 正当な主張例

ここでは、「生活費をくれない」→「生活できない」→「離婚したい」と話は趣旨一貫しており、聴く側もその話や説明に理解や納得ができます。このような主張は、「正当な主張」といえるでしょう。

反対に、子どもへの虐待のため子どもの親権者を母親にして離婚した後、父親が「子どもは父親が好きなはず」として「親権者変更」調停を申し立てたような場合、父親の説明には一貫性がなかったり、虐待の事実と矛盾していたりして、「正当な主張」とはいえません（〈図表20〉参照）。

このように、当事者の話や主張を聴く場合、「その根拠（データ）は何か」「その論拠（理由づけ）は妥当か」、「根拠、論拠、主張は趣旨一貫しているか」

ということを考えながら話を押さえていくと、その話や主張の「正当性」というものがみえてきます。

〈図表20〉 正当な主張とはいえない例

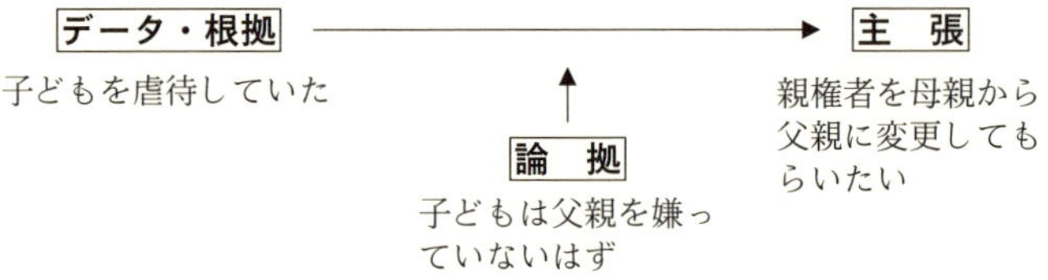

```
┌─────────────┐                    ┌─────────┐
│ データ・根拠 │ ─────────────────→ │ 主　張  │
└─────────────┘                    └─────────┘
 子どもを虐待していた         ↑      親権者を母親から
                        ┌───────┐   父親に変更しても
                        │ 論 拠 │   らいたい
                        └───────┘
                     子どもは父親を嫌っ
                     ていないはず
```

合意をめざす

調停の最終的な目標は、紛争やトラブルの解決や折り合いをつけることです。

1 説　得

調停で合意に導くには、当事者を説得することが必要になります。

(1) 説得力の三要素

古代ギリシャの哲学者アリストテレスは、説得立証には、①事柄のロゴス（論理的説明——真実または真実とみえることを、それぞれの事柄に関する説得的なものから証明すること）、②語り手のエートス（品性、人柄——語り手が信頼に値する者であると判断されるように語られること）、③聴衆のパトス（感情、熱情——聴衆が言論によってある感情へと誘導されること）の三つが必要としています[57]。

ロゴス、エートス、パトスは、説得を考えるにあたっての重要なキーワードです。

(2) エートス

三つの中で最も重要なのがエートスです。国際的なPRプロである杉田敏氏は、「エトスの低い人は信頼されない」としています[58]。

ところで、エートスは「初期エートス」「中期エートス」「最終エートス」に分けられます。中でも、「初期エートス」は特に大事になってきます。基本的に、「初期エートス」が高ければ、それはなかなか低くはなりません。逆に「初期エートス」が低いと、簡単には高くはならないといいます[58]。

社会心理学者の鈴木淳子慶應義塾大学教授も、「面接では滑り出しをうまくし、インフォーマント（著者注：話し手）に好印象を与えることが肝要であ

る。概して、面接の最初の数分が最後までその面接パターンを決定づけてしまう傾向がある」と言っています[12]。

では、「初期エートス」は何によって決まるのでしょうか。これについて現代のコミュニケーション学者は、「能力」「信頼性」「ダイナミズム」と説明しています。

「能力」とは、その人が人間として力量や知識があるか否か。「信頼性」とは、この人の言うことなら信頼できる、この人は嘘をついていない、この人にものを頼めば絶対忘れずに締切までにやってくれる、と聞き手に思わせられるか否か。「ダイナミズム」とは、情熱やエネルギーのことで、高い情熱をもって話すことができれば、聞き手も感銘を受けることになります。

また、「中期エートス」を決定するものは、主にコミュニケーションの内容です。メッセージの中身がしっかりしているか、プレゼンテーションの方法がしっかりしているかによります。

そして、前回の「最終エートス」が、次回の「初期エートス」になります。最終エートスが高ければ、次回の出会いによい影響を与えますが、反対に低ければ、もう会いたいとは思わなくなります[58]。

調停における説得は、話合いの最終局面で調停案を当事者に同意させたり、当事者双方の考えや意見の一致や合致をさせていくこと、と一般には理解されています。

しかし、説得という営みで考えた場合、説得は「初期エートス」の段階から始まっていること、また調停が続行される場合には、その調停期日の「最終エートス」が次回調停の「初期エートス」につながっていることをよく認識しておく必要があります。

もし、当事者が調停担当者に対して「低いエートス」しか感じていなかったとしたら、その当事者は次回調停には出てこなくなるかもしれません。

(3) ある女性調停委員の「こころがけ」

調停担当者としては、当事者にどういう態度で接したらよいのでしょうか。水戸家庭裁判所のある女性調停委員の例は、一つの参考になります。その女

性調停委員は、「委員となってこころがけたことがある」として、次のような姿勢で調停に臨んでいました[59]。
○ 当事者を立てること。
- 話しかけるときは、いつも当事者の目を見ながら話したり聞いたりする。
- 当事者を見下すようにならないよう、少し目の位置を下げる。
- 言葉遣いは、当事者が使う話し方より、少し上の言葉遣いをするよう、少なくとも絶対に同等以下にはしない。
- 椅子にもたれないで、体を少し前に倒すようにして話す。

このような「こころがけ」は経験と判断によって導かれたものと思われますが、中には学問的知見と一致しているものも少なくなく、驚かされます。

たとえば、「椅子にもたれないで、体を少し前に倒すようにして話す」ということに関しては、「面接中には、面接者はイスに深くすわるより、比較的浅めに腰をかけるほうがよい。上半身がやや前傾することによって、無言のうちにインフォーマントへの期待感と興味と熱意を示すことができるからである。テーブルにひじをついたり、腕組みをしてイスにもたれたりするのはよい印象を与えないので気をつけよう」という研究者の説明と一致しています[12]。

このような一つひとつの姿勢やあり方が、調停担当者の「エートス」を決め、また当事者の信頼に結びついてくるように思います。

2 説得する方法

(1) 論理の線を引く

説得においては、「論理の線」というものが大事です。当事者に調停案や調停担当者の考えや説明を受け入れさせていくには、「論理の線を引く」ことが必要になってきます。アリストテレスの説明に従えば、ロゴスです。

哲学者鷲田小彌太氏は、「論理とは筋道のことである」、「論理とは出発点から目的地点まで道筋をひくことである」と述べています[60]。

これは、私の解釈では、
① 出発点と目的地点（説明や調停案）を見定め、その間にどう線を引いていくかを考える
② 線を引くために、何を説得材料として使い、どう提示したらよいかを考える
③ 当事者の反論を予想し、反論された場合のことも視野に入れて論を組み立てる
④ 当事者から反論された場合には、根拠や論拠を追加説明し、論理の線をつけ加える
⑤ この際使う説得材料は、知識・経験から「得られたところのもの」「客観性のあるもの」「科学的根拠に基づいたもの」「誰が考えてもそうだな」と思うものをできるだけ使う

ということになります。

(2) 強い「根拠」と「論拠」を示す

では、「論理の線」というものは、具体的にどう引いていけばよいのでしょうか。それは、主張や説明に沿った「根拠」と「論拠」を示していくことです。

ここで、今解決が難しい事件の一つとされる子どもの親権が争われている夫婦関係調整（離婚）調停事件を例に取り上げ、説得の仕方について考えてみたいと思います。

たとえば、父親と母親が子どもの親権を争っているようなケースで、これまでもまた現在も母親が主に子どもの面倒をみている場合、あるいは子どもが乳幼児のような場合、「現状尊重の原則」「継続性の原則」あるいは（乳幼児の）「母親優先の原理」といったものを論拠に、「親権者は母親のほうがふさわしい」といった説得の仕方が、以前はなされる傾向がありました。それを図示すると、〈図表21〉のようになります。

しかし、このような説明や説得に対して、父親は納得せず反論してくることが少なくありません。なぜこのようなことになるかといえば、ここで「論

〈図表21〉 「親権が争われている事件」の説得の構図

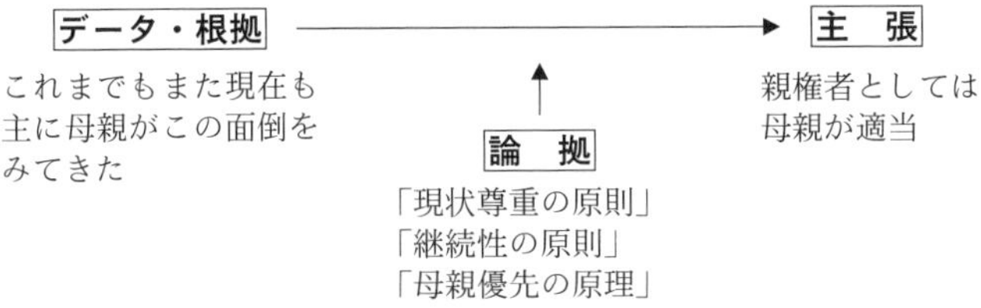

```
 データ・根拠 ─────────────→  主 張
 これまでもまた現在も              親権者としては
 主に母親がこの面倒を              母親が適当
 みてきた
              ↑
           論 拠
         「現状尊重の原則」
         「継続性の原則」
         「母親優先の原理」
```

拠」とされている「現状尊重の原則」「継続性の原則」「母親優先の原理」といったものが、父親を説得するための「論拠（＝理由づけ）」として弱いからです。

このような場合、当事者に密接な事柄を取り上げ、それにふさわしい「根拠」や「論拠」を示していくのが無理のない説得の仕方です。

たとえば、「父親が仕事から帰宅するのは午後9時30分ころ、一方母親の帰宅は午後7時から8時ころ」としたような場合、〈図表22〉のように「根拠」と「論拠」の示すことができます。

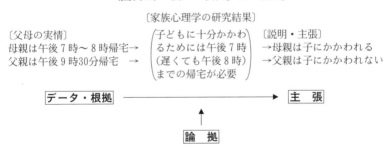

〈図表22〉 強い「根拠」と「論拠」

〔父母の実情〕　　　　〔家族心理学の研究結果〕　　〔説明・主張〕
母親は午後7時〜8時帰宅→　子どもに十分かかわ　　→母親は子にかかわれる
父親は午後9時30分帰宅　→　るためには午後7時　　→父親は子にかかわれない
　　　　　　　　　　　（遅くても午後8時）
　　　　　　　　　　　までの帰宅が必要

ここでは当事者の普段の生活時間が取り上げられ、それに対して家族心理学の研究結果が「論拠」として提示されているので、当事者はそれには反論できにくくなります。

この例にみるように、説得を考える場合には当事者の普段の生活を検討材料に取り上げ、それに対して「根拠」や「論拠」を示したり説明していくことが必要になってきます。

(3) 「客観的な態度」と「客観的な説明」

　説得を考える場合、「客観的な態度」と「客観的な説明」を意識することも必要です。人の世界には、「主観の世界」と「客観の世界」とがあります。人の頭の中にあるものが「主観の世界」で、一方、その人の外や周りにあるのが「客観の世界」です。

　岩田宗之氏は、自分の外の世界をより正確に知るために観察と推測を繰り返す態度を「客観的な態度」といい、自分の外の世界はすべての人に共通であるため、客観的な説明は他の人にとって理解が簡単であること、「客観的な態度」でなされた説明では誰もが同じ結論に到達するので、他人に何か説明するなら「客観的な態度」をとることが重要であると述べています。

　そして、客観的に考えるということは、その世界に厳然として存在する「答え」を見つけ出すことで、答えを見つけ出すには、観察によって事実を積み重ねる方法と事実から推論によって導き出す方法の二つがあり、「人は既知の事実から的確な推論によって導かれた答えについては、それが事実であることが観察できなくても、正しいと考え」、「的確な推論によって導かれているということは『納得できる』こと」で、「議論では、『正しいことではなく』、『納得できること』を追求する必要がある」と説明しています[61]。

　相手に何かを説明したり、プレゼンテーションをするような場合、私はその事柄に関する「客観的で」「科学的な」根拠や理由を"最低二つ"示すようにこころがけています。この説明（説得）の仕方は、私が意見を述べたり、著作物で自分の見解を述べるような場合にも行っているのですが、そこでは「誰もが納得する（せざるを得ない）」客観的事実や根拠を最低二つ取り上げることがポイントです。

　根拠や理由が一つだけでは、説得材料として万全とはいえません。しかし、客観的で科学的（合理的）な根拠を複数示されると、人はその説明や説得に納得せざるを得なくなるのです。

第3章

家事調停に取り組む

それでは、実際に家事調停に取り組んでいくことにします。

家事調停に向き合う

1 家事調停の難しさ

(1) 調停の王者

　堀内節元中央大学教授（元東京家庭裁判所判事）は、「家事調停は、……各種調停の最高峰である。名実ともに調停の王者というべきである」と述べています[62]。では、家事調停はなぜ難しいのでしょうか。その理由は、以下のような点にあるものと考えます。

① 「人間」「夫婦（家族）」「生活」「こころ」「幸福」を扱う　家事調停で扱う対象は複雑なものばかりです。「人間」はさまざまで複雑であることに加え、「生活」は流動的で、「こころ」はみえにくく、「幸福」のとらえ方も考え方も人によりさまざまです。また、家族の問題やその解決を考えていく場合、そこには個人の価値観も入り込んできます。いずれも、一律に、一義的に判断ができにくいものばかりです。

② 家族法の規定　家事調停で扱う事柄が、民法では「……その他一切の事情を考慮して家庭裁判所がこれを定める」といった具合に、家庭裁判所に全面的に委ねられていることです。

③ 調停活動の「多面性」「多様性」「柔軟性」「複雑性」　当事者や事件はさまざまで、調停ではそれに応じた多様で柔軟な対応が求められます。調停の進め方も解決の仕方も、一律に一義的に行うことはできません。

④ 調停活動の「技術化」と「言語化」の難しさ　調停活動は実践です。実践や経験は他者になかなか伝えにくい面があります。また、実践や経験は蓄積しにくいこともあげられます。

⑤ 研修体制と指導者の確保　調停担当者の研修は、制度面でも内容面でもまだまだ充実する余地があります。また、"調停のプロ"と呼べるレ

ベルの高い指導者も得にくい状況にあります。

⑥「感情」をめぐる話合い　ハーバード・ネゴーシエーション・プロジェクトでは、難しい話合いとは本質的に感情をめぐるもので、感情は「副産物ではなく、対立関係の主要な一部であ」ると説明しています[48]。家事調停はまさに感情を伴っている紛争であり、そのために難しいのです。

このように難しい事柄や問題で構成されているのが、家事調停事件なのです。

(2)　進行・運営の難しさ

家事調停の難しさは、その進行・運営にもあります。これを考えるには、調停というものの"基本的な構造"を理解しておくことが必要です。

調停での話のやりとりの本質は、「推論－確認－判断」作業にあると私は考えます。調停で調停担当者は「推論－確認－判断」の作業を行うことが求められ、「推論－確認－判断－推論……」作業を繰り返す中で、紛争の原因を把握したり、その解決策を探っていくことになります。

具体的にいうと、

①　申立書を読んだり当事者の話を聴きながら、「推論」を行う

「申立て理由は何か」、「何を求めているのか」、「ここには何か事情はないか」……

②　「推論」を「確認」するために、当事者から話を聴いたり、質問をしていく

③　得られた情報から「判断」をし、次の「推論」を行う

「次に聞くことは何か」、「何を確認したらいいか」、「ここがまだ理解できない」……

といった作業をしているのです。

そして、この「推論」「確認」「判断」は、調停担当者の経験、知識、考え方、判断枠、道徳観、洞察力などによってそれぞれ異なります。そのため、「推論」「確認」「判断」の差や違いといったものが、調停の進み方（進め方）の違いや個人差というものになってくるのです。

ですから、調停の進行・運営の仕方は調停担当者によって異なり、また、それは実際に調停を行ってみないとわからないという面があるのです。

(3) 「判断」の難しさ

家事調停では、調停担当者の「良識ある判断」が求められます。そこでは、大きく三つの判断が求められます。三つとは、①事実判断、②価値判断、③法律判断です。

このうち、③法律判断は、最終的には裁判官（家事調停官）が受け持つことになります。したがって、調停担当者には、主に①事実判断と②価値判断が求められます。

調停で調停担当者は当事者の話によく耳を傾けることが強調されますが、それは問題や紛争の事実関係や経緯をよく把握する必要性からです。しかし、主張や立場の違う当事者双方の話は隔たりがあるのが普通であり、傾聴だけでは事実をしっかりとらえることはできません。

事実をとらえるには、説明された話の内容や事柄について、調停担当者が「それは事実である」と判断することが求められます。この事実判断は裁判官（家事調停官）だけが行うものではなく、調停担当者が自分の立場と責任でしなければならない事柄です。この事実判断を適切に行えないと、問題解決の前提となる事実や背景をきちんと把握できないということになります。

また、調停では当事者の話す事柄や内容に関して、調停担当者が価値判断や評価をすることが求められます。たとえば夫婦関係調整（離婚）事件で、妻は専業主婦に飽き足らず外に働きに出たい希望があるのに、夫がそれに反対しているような場合、調停担当者はそれに対する判断や評価が求められたり、試されてくるのです。

この判断や評価を適切に行うことができないと、調停担当者は当事者双方の主張や説明の間で右往左往させられることになってしまいます。

このように調停の中ではどんな事件であれ、調停担当者は事実判断と価値判断を迫られてくるのです。そのため、このような事実判断と価値判断を適切・妥当に行うという作業が、調停担当者には求められることになります。

2　調停のキーワードのとらえ方

　調停は「当事者の互譲により、条理にかない実情に即した解決を図ること」を目的としています（民事調停法1条）。では、調停のキーワードとなっている「互譲」「条理」「実情に即した」については、どのように理解したらよいのでしょうか。

(1)　「互譲」とは「現実を受け入れること」

　調停では、当事者が互譲の精神でお互いに歩み寄り、話合いで解決していくような印象を受けます。しかし、「互譲」を「歩み寄り」と理解していては、解決に結びつけていくことは難しいでしょう。

　調停で当事者は自分の正当な権利を主張したり、相手当事者におかまいなく要求や主張をしてきます。このような当事者に「譲り合い」や「歩み寄り」を求めても、なかなか応じてもらうことはできません。これを図示すると、〈図表23〉のようになります。

〈図表23〉　対立の構図

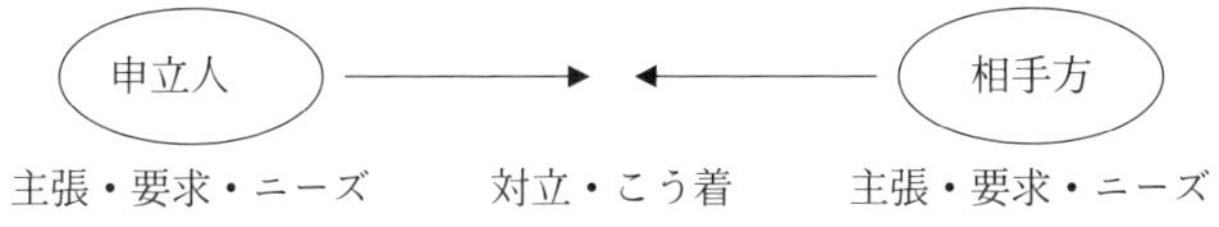

申立人　→　←　相手方

主張・要求・ニーズ　　対立・こう着　　主張・要求・ニーズ

　では、どうすればよいのでしょうか。それは、当事者双方を「現実・実情」に向き合わせ、当事者双方に「現実・実情」を受け入れさせていくのです。

　つまり、ここでは、「互譲」とは「現実・実情」を受け入れるということになってきます[63]。これを図示すると、〈図表24〉のようになります。

　特に、対立が激しくまた解決が難しい現代の家事調停事件を解決していくには、当事者双方に対し「歩み寄り」を期待するだけでなく、「現実・実情」というものを見定めること、そして、当事者双方を「現実・実情」に向き合わせ、それを「受け入れ」させていくことが大事になってくるのです。

〈図表24〉 「受け入れ」の構図

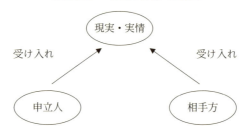

(2) 「条理」とは「誰にとってもそうであるところの考え」

　家事調停では「条理」という言葉が登場します。そして、一般に「条理」とは調停規範、つまり、調停を進めていくための基準や指標というふうに理解されています。では、「条理」とはいったい何なのでしょうか。

　法学者の小山昇氏は、「条理」（條理）は、「道徳、自然法、衡平、健全な常識、物の道理、道義、法律の精神、社會生活における一般的な規範意識、社會通念、實験上の法則、公序良俗、信義誠實の原則、など」いろいろな言葉でいいかえられているもので、それは判断の基準であり、第三者が紛争を解決するための判断基準である場合には、それは「客観的なもの」「普遍的なもの」「正当なもの」であることが重要で、それは紛争を「正しく」「公平に」解決するためのものであると述べています[64]。

　しかし、このように説明されても、「条理」についてはまだ理解できません。もっと簡単に「条理」を説明することはできないのでしょうか。

　「条理」は、私の考えでは「誰にとってもそうであるところの考え」です。申立人にとっても、相手方にとっても、調停担当者にとっても、そして社会（国民）からみても、「誰にとってもそうであるところの考え」、これが「条理」の正体であり本質であると思います。

　「その人がそう思うだけのその人の意見」ではなくて、「誰にとってもそうであるところの考え」、これが「条理」です。

(3) 「実情に即して」とは「優先関係の判断」

　「実情に即して」については、一般に、「紛争の経緯や当事者の生活状態そ

の他諸般の実情を考慮して、解決を図る」必要があり、「実情は千差万別」なので「同じような事件でも、その解決は多種多様な結果になる」というような理解がされています[65]。

しかし、調停で「実際に実情に即した」解決をするには、もっと現実的な解釈が必要になります。

まず、「実情に即して」とは、「当事者側に視点を置く」ということです。調停では、当事者にさまざまな事情や問題があったりして（たとえば、遠方に住んでいて何回も調停に出られないとか、経済的に困窮していて養育費の早期支払いを希望しているなど）、早期解決を図ることが求められるケースがあります。

このような場合、「当事者側に視点を置いて」調停をしなければなりません。当事者がギリギリの状況に置かれているような場合には、調停担当者も「その当事者の身になって」考えていくことが必要になるのです。ですから、「実情に即して」対処しようとすると、調停担当者も"かなり苦しい思い"をしなければならなくなります。

次に、「実情に即して」解決する場合、それは「優先関係の判断」ということになります。「実情に即して」という場合の「実情」というのは、問題の解決を妨害する方向に作用するのがほとんどです。つまり、「実情」とは、問題の解決の前に立ちはだかる厄介な存在なのです。

たとえば、夫婦関係調整（離婚）調停事件で、夫婦が別居しているようなケースの場合、夫婦の離婚問題（「離婚」「親権者」「養育費」「財産分与」「慰謝料」「面会交流」「年金分割」など）に加え、そこに「実情」――たとえば、①申立人は遠方に居住、②申立人には資力がない、③申立人は次回調停には来られそうもない、④相手方は無職で収入がない、⑤相手方は調停に消極的姿勢、といったような事情がつけ加わる格好になります。このように「実情」というものは、当事者の離婚問題にべったりと張りついて登場してくるのです。

このような場合、「実情に即して」というのは、いくつかある問題や事柄の中で、「どの問題を取り上げ、どの問題を取り上げないか」、「どれを優先し、どれを優先しないか」、「どれを話合い、どれを話合わないか」という「優先

関係の判断」ということになってきます。いくつもある問題の中で、その優先関係に見極めと判断をつけることが、「実情に即して」ということなのです。

調停の進め方

1 当事者とのコミュニケーション

(1) 面接におけるコミュニケーションの基本形

調停の初期段階での話のもち方はかなり重要です。ここでの話のもち方が、その後の調停の話合いの中身や方向を左右してしまうからです。

一般に、調停の最初に行われている話の聞き方は、申立人と相手方双方から、申立書の「申立ての趣旨」についての気持ちや考えを聴いていくという方法です。

しかし、「申立ての趣旨」から話を聴いていくと、中身に深く立ち入ることを妨げてしまう面があるので注意が必要です。たとえば、「申立ての趣旨」の確認をまず行い、その結果、双方の対立関係が明らかであったとすると、「一致点は見出せない」として、それで調停を不成立で終わらせてしまうような調停担当者も中にはいます。

調停の初期段階では、面接におけるコミュニケーションの基本に則って話を聴いていくことが大切です。面接におけるコミュニケーションの基本とは、

〈図表25〉 面接におけるコミュニケーションの基本形の図

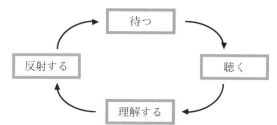

山辺朗子『ワークブック社会福祉援助技術演習② 個人とのソーシャルワーク』(ミネルヴァ書房、2003) 68頁より引用

①待つ、②聴く、③（できる限り）理解する、④反射するの四つで、それらは以下のように説明されています[25]。

① 待つ……クライエントが語り出すのを待つ。待つ姿勢を保ち、非言語的にクライエントが語り出すのを支える。クライエントが語り出すのが困難な場合には、適切な語りかけをして、語り出すのを促す。

② 聴く……傾聴する。クライエントの述べることに集中して聴く。非言語的にも傾聴していることを表す。また、適切な質問や促しも用いて（能動的傾聴）、クライエントがより多くのことを語れるように聴く。

③ 理解する……クライエントの語ることをいくつかのレベルで理解する。それは、言語的理解－クライエントの述べることを表面的に言語的に理解する。共感的理解－クライエントの感情を共感的に理解する。メタファー（クライエントの言語の裏側にある真のメッセージ）の理解などである。

④ 反射する……理解したことを反射して、クライエントに返す。その際、面接における応答技法を用いることが効果的である。

当事者とのコミュニケーションのもち方は、これが基本になります。

(2) SOLER

また、当事者との話のやりとりでは、調停担当者が非言語的なメッセージを発することによって当事者に安心感を抱かせ、積極的に語らせていく必要があります。そこでは、「聴いている」ことを非言語的に伝える技術が重要なものになります。

ソーシャルワークでは、援助的面接において留意すべき点を簡略に示したものとして、**SOLER**があります[25]。SOLERとは頭文字で、その中身は以下のような事柄です。

- S（Squarely）……クライエントに気持ちのうえで正面から向き合う。いっしょに作業をする準備があることを伝える。
- O（Open）……クライエントに対してオープンな（胸をはった）姿勢をとる。防衛的でなく受け入れることを伝える。

- L（Leaning）……話の核心があると思える場面で、上体を乗り出す姿勢をとる。集中して話を聴いていることを伝える。
- E（Eye）……時々、クライエントと視線を合わせる。クライエントに関心を向けていることを伝える（じっと見つめてはいけない）。
- R（Relaxed）……適度にリラックスして、クライエントに接する。クライエントをリラックスさせ、援助・支援にある程度の自信があることを伝える。

家事調停の当事者も、ソーシャルワークにおけるクライエントと近い立場や状況の中にいます。したがって、「聴いている」ことを非言語的に伝えるこのSOLERは、調停の当事者に対しても有効であると考えます。

(3) ダブルストーリー

悩みや苦しみを抱えている当事者から話を聴く場合には、話の聴き方にも独特の技術が求められます。それは、当事者の語る苦しみのストーリーの裏側にある、その苦しみと戦ってきたもう一つのストーリー（「ダブルストーリー」といいます）を理解するということです。

ダブルストーリーは、当事者のこれまでの努力や頑張りや辛抱の足跡といえます。ですから、ダブルストーリーを理解することは、当事者を肯定することになります。

ところで、心理学者の諸冨祥彦明治大学教授によると、ワークショップにおいて参加者が最も癒される言葉は、次のような言葉だといいます[66]。

「あなたは、ほんとうに頑張っていますね。私は知っていますよ。誰も言葉にして言ってくれないけれど、あなたは本当に頑張っています」。

この言葉を言われると、涙を流す参加者が少なくないのだそうです。その理由を考えてみると、この言葉は、参加者のダブルストーリーに対して理解や評価を示している言葉だからだと思います。

私も当事者に対して、時々この言葉を使っています。そうすると、当事者は私に対し、「この人は自分のことをわかってくれている」という思いを見せてくれます。その意味で、この言葉は、当事者の苦しみのストーリーを聴い

ていく際の"魔法の言葉"であるように思います。

2 「初期」の進め方

ここでは、調停を初期、中期、終期に分け、それぞれの場面における「調停の進め方」を考えていくことにします。

(1) 丁寧な説明

第1回調停期日の冒頭には、当事者双方に対して手続の説明を行います。一般的には当事者双方を同席させ、調停委員会が、①調停は話合いで紛争の解決を図るものであること、②話の内容などの秘密の厳守、③成立した場合には調停調書が作成され、それは確定裁判（または確定審判）と同じ効力をもつこと、④話合いが平行線の場合、不成立もあることなどが説明されます。

ここでは説明文書を活用したりしながらわかりやすく説明を行い、不明な場合は当事者から質問もできますが、一般に質問は少なく、当事者は緊張した面持ちで説明を聞いています。

そして、この説明でほとんどの調停担当者は、「当事者は調停手続を理解してくれた」と考えます。しかし、この認識は少し考え直したほうがよいように思います。

片山登志子弁護士は、「普通の人にとって、調停は何をするところで、どんなふうにすすめられるのか全くわから」ないこと、「調停期日に自分がどのような行動をしないといけないのか、（中略）そういうところからものすごく不安に思っている」うえ、家庭裁判所調査官が調停に立ち会っている場合でも、家庭裁判所調査官が「なぜ調停に立ち会っているのかの説明がほとんどな」く、もっと調停利用者の視点に立った説明の必要性を指摘しています[67]。

このような状況を考えると、弁護士をつけていない場合には当事者は一層こころ細く思い、説明の理解もあまりできていないのではないでしょうか。

人は未知の事柄や初めて経験する事柄については、1回の説明だけでは理解することができません。ですから、冒頭の説明だけで「当事者は理解した」

と考えるのは、正しくないように思います。

　このことも踏まえ、「どうしたら当事者によくわかってもらえるか」を考え、そのための工夫をしていくことが調停担当者には求められると思います。

　ところで、この手続説明の際、調停担当者の中には、「裁判所が解決してくれます」といったようなことを述べる方がいます。しかし、このような"安請け合い"はかなり問題であると思います。

　このような言葉を耳にすると、当事者は「裁判所に任せればいい」、「解決してもらえるんだ」との期待を抱き、依存的な姿勢を強めてしまうでしょう。

　また、調停の話合いがこれからどう進むのか誰にもわからないうえ、裁判所がすべての問題を解決できるわけでもないので、解決を約束するこのような説明は適切とはいえません。

　解決の見通しが不明で、しかも自分がその責任をとれないことについては、調停担当者は安易に口にしないことが賢明だと思います。

(2)　当事者のニーズの見極め

　「当事者は、悩みや紛争の解決を求めて調停を申し立てている」と、調停担当者は一般に考えるのではないでしょうか。しかし、申立ての内容については注意しながら話を聴いていく必要があります。それは、当事者は悩みや紛争の「解決」だけを求めて申立てをしているわけではないからです。

(a)　医師の症状のとらえ方

　医師の患者（子ども）の症状のとらえ方は、調停担当者にとっても参考になります。アメリカの精神科医カナーは、子どもの症状にはいくつか意味があるとして、次のように述べています[68]。

① 　入場券としての症状　　発熱、頭痛、腹痛などがこれに相当しますが、このような症状を訴えることは、入場券を呈示して医療機構という劇場に入るという意義をもちます。しかし、入場券は上演される劇の内容を知らせてはくれません。入場券として訴えられる症状は氷山の一角にすぎず、水面下に何があるのかを考えることが何よりも大切です。

② 　危険信号としての症状　　子どもは自分の問題が独力で到底解決がつ

かないと感じるとき、意識的・無意識的に「ここに何とかしてもらいたい問題がある」という危険信号を発することで、誰かの注意を引きつけようとします。したがって、信号を無視すると、問題はより深刻になる危険性があります。

③ 問題解決の企図としての症状または安全弁としての症状　困難な状況に直面したとき、何とかしてその困難性を子どもは解決しようとします。症状は子どもが自力で解決しようと企図した所産とも、自己防衛のための安全弁とも考えられます。一見不合理な症状そのものが、そうした意味をもつことがあります。

そのうえでカナーは、症状の診方、とらえ方について、「主要症状として訴えられるものを主訴という。これは問題の中核を示唆するものであったり、反対に主要なものを隠して辺縁のものを前面に出して訴える場合がある。後者の場合は、核心に触れるものを主訴としなかった点に、むしろ深い意味が潜んでいる。いずれにせよ、『主訴が何か』は、入場券としてきわめて重要である。また、『誰が』『何を』訴えているのか、を注意深くとらえておかねばならない」と述べています[68]。

家事調停事件の申立人も、子どもの病気の症状と同じようにみることができます。つまり、申立人は夫婦や家族についての「症状」（悩みや問題）を抱えており、その解決や救いを求めてきているのです。

(b)　**感情処理**

また、大正大学の伊藤直文教授は、家事相談の動機には「何とかしたい（してもらいたい）」あるいは「知りたい。知識を得たい。確認したい」といった相談者自身に十分意識されている表向きの動機のほかに、「聴いてほしい」、「話したい」、「わかってほしい」といったもう少しあいまいで意識されにくいものがあり、それは誰かに感情を分かち合ってほしいという根深い動機であるとしています。

それは比較的気軽なものから、苦しくて一人のこころにしまっておけない感情の吐露まで幅が広く、また、ただ話すにとどまらず、「訴えたい」、「告発

したい」といった気持ちがこころを占めていることもあり、このような相談者は、「聴いてほしい」、「話したい」、「誰かに気持ちをわかってほしい」などの欲求が満たされるような関係を相談に求めるもので、相談者が求めているのは「感情処理」といえるとしています[69]。

したがって、調停担当者が当事者のこのような気持ちに理解を示し、その気持ちや感情に寄り添ってあげると、当事者はそれだけである程度満足してくれるはずです。

(3) 話をふくらませて聴く

申立書の内容は、一種の「インデックス情報」であると先に述べました。「インデックス情報」であるから情報量は多くなく、そこにはもれているものがたくさんあります。また、当事者の本音というものが隠されている場合もあります。

そこで、調停の初期の仕事は、内容をふくらませながら当事者の話を聴いていくことになります。

当事者の説明が足りないと思ったら、「そこをもう少し聴かせて」と話を続けさせたり、よく理解できなかったら、「どういうことなの、別の言葉でいえば、どうなるの」と、当事者に説明させていくことです。

申立書に書かれた内容について、申立てに至った経緯、結婚してからの生活の様子、トラブルの発生時期とそれへの対処方法、当事者の希望やニーズ、相手当事者に対する見方や認識、当事者の現状、調停での解決に使えそうな材料、調停の進行に妨害となる材料など幅広く話題に取り上げ、当事者の話をふくらませていくのです。

また、ここでは当事者が述べる話や説明を聴きながら、その背景や当事者の生活の全体像にまで考えを及ぼして理解していくことが大事になってきます。

当事者の述べる話を聴くだけでは、狭い範囲の話しか聴けません。それでは、事件（ケース）の全体像も、背景にある当事者の生活も、よくみえないのです。

当事者の人生やこれまでの生活を理解し、この調停がどのような位置にあるのか、調停申立ては当事者にとってどのような意味をもっているのかなど、全体像の中で調停を位置づけていくようにするとよいと思います。

3 「中期」の進め方

調停の中期にしなければならないことは、ケース理解と当事者のニーズの把握、そして、解決の方向性とポイントを見定めることです。

(1) 十分聴く

中期においては、十分聴くことが大事です。それは「聞き洩らし」を防ぎ、事情や事実を調停担当者がしっかりと把握するためです。ですから、不十分な聴取は、その時点でははっきりわかりませんが、後になってからその"ツケ"が明らかになってきます。

日韓ワールドカップの招致に携わった諸星裕桜美林大学副学長は、依頼を受けて交渉に臨む際、交渉人が最初にしなければならないことは、「クライエントが置かれている立場について熟知すること」で、「相手ではなく、まず依頼主のことを知る作業は、非常に重要」と述べ、「これをいい加減にしておくと、思わぬところで足元をすくわれる危険性がある」と説明しています[70]。

また、秋武憲一山梨学院大学法科大学院特任教授（元判事）は、離婚調停不成立で訴訟に移行した事件を扱ってみると、調停段階で当事者の主張が整理されておらず、意見のくい違いや争点がはっきりしないことが多く、本来は調停で行われるべきことが行われていないと述べています[71]。ですから、調停期日ごとに、当事者の話をしっかりと聴取することが大切です。

ところで、事実確認の際に留意しなければならないことは、たとえば離婚調停では、離婚の意思、親権者、養育費、財産分与、面会交流、慰謝料、年金分割など話し合うべき事柄がはっきりしているので、調停担当者がそれについてしか話題に取り上げないことです。

取り決めるべき事項にだけ話題を絞ってしまうと、話はすぐに終わってし

まい、話が膨らんだり発展していくことはありません。その結果、聴取した話の内容は厚みのないものになってしまいます。

(2) 「論点」を整理する

話をふくらませながら聴いていくと、その事件（ケース）の姿や特徴あるいは問題点といったものがみえてきます。調停の中期での仕事は、当事者のニーズおよび論点を整理し、比較検討していくことです。

ところで、当事者間で対立している事柄については、一般に「争点」と呼ばれています。しかし、調停の場合は、「争点」というより「論点」と呼ぶほうが適切なように思います。

論点を整理したり深めていくには、「推論－確認－判断」作業が求められます。「推論－確認－判断」作業により論点を整理し、当事者双方の主張、ニーズや事実を検討することになります。また、この段階においては、調停の進行方向や解決の方向性についても、判断や見通しをつけていかなければなりません。

では、論点を整理するにはどうすればよいのでしょうか。それには、論点表というものが役に立ちます。朝日新聞東京本社編集局長の外岡秀俊氏は、アメリカ政府（国務省、国防総省）の情報分析の技術——情報を「pro」（ラテン語；ために＝賛成）と「con」（ラテン語；反対）に分類し、論点表に整理する方法——を紹介しています[72]。

外岡氏はこの情報分析の技術について、「どのような情勢分析においても、一方的にこうだと断定できることは少なく、対立する意見や批判、疑問点が残るのがふつうで」、「それを最初から切り捨てるのではなく、まず対立する意見として各論点を整理し、それぞれの見方のどちらが説得力をもつかを比較考量してみるのが、この『pro』と『con』の方法で」、「この論点表は、どのような意見の人が、どのような論拠をもとに主張を構成しているのか、その中身を解析する手段としても有効で」、「論点表を作っておくと、情勢分析はより的確なものにな」ると述べています。そのうえで、論点表作成の注意点について、次にように述べています。

① 各項目には、できるだけ「事実」や「情報」を書き、推測や憶測は交えない。
② はじめからどちらかの結論を立てて議論を誘導するのではなく、あくまで価値中立を厳守する。
③ 各論点ごとに対照できるように表をつくり、相手の論点に対する主張や事実がなければ、空白のままにしておく。

調停では、争点整理がよくいわれています。しかし、その整理の仕方は調停担当者個々人でまちまちであるうえ、整理技術についても研修や訓練を受けているわけではありません。その意味で、このアメリカ流の論点整理術は、一つの参考になるものと思います。

(3) 「争点」のとらえ方

家事調停の定型的な進め方（『離婚調停の技術』36頁参照）では、調停の第二段階が争点整理段階とされ、そこでは、「争点、対立点は何かを明確にして論点を絞り込む。当事者に争点を理解させる。解決すべき問題点を中心に話合いを進め、合意形成を目指す」とされています。

そのため、調停担当者の中には、当事者間の争点を浮かび上がらせることに一生懸命努めている方が多く見受けられます。しかし、対立点の明確化や争点の絞り込みによる話合いでは、合意の獲得はなかなか難しいように思います。

哲学者伊勢田哲治京都大学大学院准教授は、「主張との関係で考えると、主張を信じることで得られる心理状態が信念であり、信念を公に述べたものが主張で」、「主張と信念は表裏一体の関係にある」と説明しています[73]。

また、哲学者鷲田小彌太氏は、「人間は、臆病な動物です。人間の思考も、考えられている以上に臆病で」、「その臆病さの1つは、自分の周囲に、高い垣根を作ってたてこもるやり方で」、「自分とは異質な思考と思えるものを、いっさい拒むやり方です」と述べています[74]。

対立相手を前にすると、当事者は互いに自分の立場や主張を死守することに一生懸命になるため、対立点の明確化や争点の絞り込みによる話合いでは、

合意に向かうのが難しくなるのです。

　また、主要な部分で一致や合意ができても、それ以外の部分で一致や合意がされないと、家事調停では合意された事項も含めて不成立になってしまい、それまでの話合いの積み重ねが無駄になってしまう傾向があります。

　この面から考えると、当事者間の共通のニーズや関心を見出すことに重点を置く自主交渉援助型調停のほうが、考え方としては合理的です。そこでは、共通項を一つから二つへ、二つから三つへと広げていくことが話合いになり、一致点が増えるにつれて対立する事柄や不一致の部分が減っていくからです。

　ですから、主要な部分で一致や合意が得られると、主要でない部分で不一致や違いがあったとしても、そこでの調整は容易になってくるのです。

(4)　判断の基準

　ところで、調停担当者が調停を進めるうえで戸惑いを覚えることは、当事者の話や説明について、「どう判断や評価をするのか」、あるいは「判断の基準をどこに求めたらいいか」ということではないでしょうか。

　「判断の基準」がはっきりしないことも、調停をしていくうえでの一つの大きな困難になっているものと思います。そこで、ここでは参考になる一つの"基準"を紹介します。

　心理学者の國分康孝東京成徳大学名誉教授は、カウンセリング心理学において反応の仕方の「良し悪し」を見る際の視点として、次の三つをあげています[75]。

①　その反応（思考、感情、行動）は現実的か。人生の事実に即しているか。
　　──非現実的な考えや人生の事実に即していない考えは妥当とはいえない。
②　その反応（思考、感情、行動）は論理的か。──筋が通っているか。不自然さや無理はないか。
③　その反応（思考、感情、行動）はその人を幸福にするものか。──少なくとも自他を不幸にはしない。

当事者の話を聴く場合、「判断の基準」というものは案外重要です。基準が

あれば、その基準との比較で判断がつけやすくなります。その意味で、國分名誉教授が述べた三つの視点は、当事者の説明や主張を聴いて判断していく際の一つの"目安"になるものと思います。

4　「終期」の進め方

「終期」の進め方や考え方については、前著『離婚調停の技術』(123～128頁参照)の中でも少し触れています。ここでは、それ以外の一般的な事柄について説明します。

(1)　当事者主体

家事調停では「当事者主体」の解決が目指されています。では、当事者主体とはいったいどういうことでしょうか。ここでは、ソーシャルワークの考え方を参考にしながら考えてみたいと思います。

ソーシャルワークにおいては、生活の主体は本人であり家族であり、問題を一番よく知っているのも、また問題に取り組んでいるのも本人や家族で、その本人や家族を"置き去り"にするような解決は問題があるとされています。

ソーシャルワークでは、利用者は援助者のもっている知識や技術を借りて自らの問題を解決していく主体となること、援助者は専門職としての自らの知識や技術を利用者のために利用し、利用者が問題解決の主体になるように支援すること、両者がこの役割を遂行することにより、利用者と援助者の協働作業としての問題解決行為が成立するとされています[76]。

また、当事者参加のもと当事者の最善の利益を実現するには、エンパワメントが基盤となり、エンパワメントとは「当事者の力を引き出し、自分で課題を解決できる環境をつくること、そして共感に基づく人間同士のネットワーク化」であり、エンパワメントの原則は以下の八点とされています[77]。

① 　目標を当事者が選択する

② 　主導権と決定権を当事者がもつ

③ 問題点と解決策を当事者が考える
④ 新たな学びと、より力をつける機会として、当事者が失敗や成功を分析する
⑤ 行動変容のために、内的な強化因子を当事者と専門職の両者で発見し、それを増強する
⑥ 問題解決の過程に当事者の参加を促し、個人の責任を高める
⑦ 問題解決の過程を支えるネットワークと資源を充実させる
⑧ 当事者のウェルビーイングに対する意欲を高める

家事調停を当事者主体のものとするには、当事者主体の意味とそこで求められるものを理解し、調停をそれに近づけていくことが求められます。

(2) 解決の基準

調停の最終目的は紛争や問題の解決であり、そこに何らかの折り合いや調整をつけることです。ここでの解決技法については、次のⅢ（調停の技法と問題解決）で説明していますので、ここでは問題解決や調停案作成に際しての基準について述べたいと思います。

家事（離婚）調停が司法サービスとして行われる以上、紛争や問題の解決は、法的にも、手続的にも、内容面でも、適正かつ公平、公正であることが求められます。ここにおける解決基準は、適正かつ公平、公正であり、それは条理と考えることができます（条理とは、「誰にとってもそうであるところの考え」のことでした）。

調停解決案を検討したり判断するにあたっては、その基準は客観的なものになります。ハーバード流交渉術では「客観的基準を打ち出すだけでスムーズに合意でき」、「解決は双方の意志とは無関係の客観的基準によってなされるべきである」と説明しています[51]。では、ケース（事件）に即して、しかも客観的基準に基づいた解決はどう導いていけばよいのでしょうか。

それは当事者の具体的問題を一度抽象化し、そこで問題の本質を考えること、次にその抽象化したレベルでの問題解決を考え、そこから当事者の問題を解決する方法を現実的に具体的に考えるという、抽象化と具体化の作業が

必要になってきます。この考え方や方法については、前著『離婚調停の技術』(116〜119頁参照) の中で詳しく説明しています。

(3) 共通のニーズ

紛争や問題の解決に向けた動きにおいては、争点（対立点）を突き合わせるやり方では当事者はどちらも自分の立場や主張や考えに固執し、協調的姿勢になることは難しいことを先に述べました。

調停のような話合いによる"穏やかな紛争解決法"においては、当事者双方のニーズを幅広くとらえ、そこにおける共通点や一致点で見出していくことが重要になります。そして、共通点や一致点を一つから二つへ、二つから三つへと増やす話合いが、調停の話合いです。

共通のニーズが増えれば、対立点や相違点は次第に減っていき、当事者双方はますます協調的になることができるからです。

5　調停担当者が気を付けるべきこと

ここでは、調停担当者が普段あまり意識していない問題について述べてみたいと思います。

(1)　認識の誤り

調停において調停担当者は、当事者と面接し、自分が見聞きした事柄をもとに何らかの判断や評価を行います。このこと自体はもちろん大切なことですが、反面、ここでの認識や判断には誤りが生じてしまう可能性があります。

たとえば、DVが原因で妻が離婚調停を申し立てたような場合に、申立書や妻の説明からは相手方夫にかなりひどいDVが感じられても、実際に夫と対面した際に、夫が温厚そうな印象を受けると、調停担当者は「夫にDVがあるとは思えない」と思ってしまい、そのことを妻（申立人）に語ったりもします。

私たちは人と会った際に、相手に対してさまざまな印象をもちます。こうした印象は相手の話の内容や振舞いだけでなく、相手の容貌や衣服、所有物

などによって大きく左右されるといいます。そして、こうして抱いた印象に基づいて、私たちは相手への対応の仕方を決めていくといいます[78]。ですから、私たちは相手から受けた印象によって、相手を判断してしまいやすいのです。

　逆にいうと、人は自分が悪い印象を与えないように気を付けていきます。実際調停の席でも、当事者は自分が悪印象をもたれないように言葉使いや態度には注意をしてきます。

　特にDVのように自分の存在や名誉にかかわるような事柄に関しては、なおさら神経を払います。DVは夫と妻の閉じた二者関係の世界の中でみられるものなので、その片鱗を調停担当者にみせるようなことは普通はしません。

　ですから、調停担当者が自分が感じた印象だけで当事者を評価や判断してしまうことは、かなり危険であるといえます。

(2) 余計な一言

　調停担当者の言葉で、当事者が傷ついてしまうことが結構多くあります。その原因を考えてみると、そのほとんどが調停担当者の"余計な一言"です。では、"余計な一言"とは、どのような言葉を指すのでしょうか。

　たとえば、養育費請求事件で、申立人にある程度の収入があるような場合に、「何でそんなに養育費が欲しいの？」とか、面会交流事件で、申立人（非親権者）が子どもの写真などのやりとり（間接的面会交流）では納得せず、直接的面会交流を執拗に求めているような場合に、「どうしてそんなに子どもに会いたいの？」などと言ったりしてしまうことです。これらは"余計な一言"といえます。

　齋藤孝明治大学教授は、"余計な一言"の背景には嫉妬や妬みまた羨望や憧れがあり、それらが「余計な一言」に現れるケースが結構多いこと、また、「権力を示したいという気持ちが潜んでいる可能性がある」と説明しています[79]。

　私も"余計な一言"を言ってしまい、たいへん後悔した思いがあります。それは子どもの親権を争っている離婚調停事件で、自営業の夫に対して、「国民

健康保険料を滞納しているような人が、どうして子どもを育てられるんですか？」と言ってしまいました。

　その原因を考えてみると、対立が激しく解決の方向性が見出せないイライラ気分の中で、早く事件を着着させようとして、つい"余計な一言"を発してしまったように思います。

　ところで、"余計な一言"にはまた別の問題が潜んでいます。ひとり親家庭を支援している赤石千衣子・しんぐるまざあず・ふぉーらむ理事長によると、夫の暴力に困り果て、婚姻費用をもらうために調停を申し立てたある妻は、調停委員が妻の「離婚の意思も生活費の必要も理解してくれ」なかったばかりか、妻に対して、「あなたはそんなに夫からお金をもらうことばかり考えないで自分の足で歩くことを考えなさい」と述べたといいます[80]。

　ここには調停委員が"余計な一言"を述べると同時に、離婚や生活費を切実に求めている妻の状況や気持ちを「ほとんど理解していない」という、"無理解"の問題が隠れています。

　したがって、"余計な一言"を言われた当事者は、"余計な一言"に傷つくと同時に、そこでは調停担当者の"無理解"にも傷つけられるという、"二重の痛手"を被っていることになります。

　では、このような"余計な一言"を防ぐにはいったいどうすればよいのでしょうか。齋藤孝教授は、コミュニケーションにおける「ディフェンス力」を強化することが重要であると述べています。

　そして、ディフェンス力の中に「リカバリーの技術」があり、「リカバリーの技術」とは、"余計な一言"を言ってしまった場合に、それがわかった時点で相手に対して、「言葉の選び方を間違えてしまって申し訳ありません」、「言葉足らずで、表現の仕方を間違えてしまいました」と素直に訂正を行い、「悪意はなく、本意ではなかったことを早く伝えることが重要である」と説明しています[79]。

　調停担当者は当事者に対して、"余計な一言"を結構言っています。それだけに、調停担当者としては"余計な一言"に常に注意すると同時に、言って

しまった場合には直ちにリカバリーする「リカバリーの技術」をもつことが必要です。

　また、"余計な一言"には、「外的観点」からの当事者理解も関係しています。当事者理解の方法には「内的観点」（「私についての私の見方」または「あなたについてのあなたの見方」）と「外的観点」（「私についてのあなたの見方」または「あなたについての私の見方」）の二つがありますが、"余計な一言"は「外的観点」からの当事者理解の場合がほとんどです（「内的観点」と「外的観点」については前書『離婚調停の技術』24〜25頁参照）。

調停の技法と問題解決

1 調停解決の技法

(1) 「真実発見＝同意説」

　調停担当者の役割は、当事者の話をよく聴き、当事者といっしょに解決案を考えることです。そして、ここでの解決における「合意」というのは、「受け入れ」や「同意」のかたちをとります[81]。

　ここで、当事者が調停解決案を「どう受け入れていくのか」、合意に至るまでの経緯をたどってみることにしましょう。

　まず留意しておきたいのは、調停解決案を当事者に納得させていくには、その事件（ケース）の「実情・事実・真理」というものが重要になるということです。

　調停担当者はまず「実情・事実・真理」をみつけ、次に、当事者に対して「実情・事実・真理」を説明したり理解をさせ、最後に、「実情・事実・真理」と一体であるところの調停解決案を、当事者に「受け入れ」させたり「同意」させるという経緯をたどることになります。

　「受け入れ」や「同意」というものは、「実情・事実・真理」に対して向けられる当事者の意思です。当事者は「実情・事実・真理」を「受け入れ」、またそれに「同意」をします。ここでは、当事者は「実情・事実・真理」と向き合う格好になり、まだ相手当事者とは向き合っていません。

　しかし、当事者はこの「実情・事実・真理」を理解しなければ、調停解決案というものは認めてくれないのです。当事者は調停担当者から調停解決案を示された場合、それを直接受け入れるわけではありません。当事者は調停解決案の背景や基盤にある「真実らしきもの」、つまり、「実情・事実・真理」に反応しているのです。

その次に、当事者は「実情・事実・真理」と結びついているところの調停解決案の「受け入れ」や「同意」をすることになります。これを図示すると、〈図表26〉のようになります。

〈図表26〉　調停解決案の「受け入れ」「同意」の構図

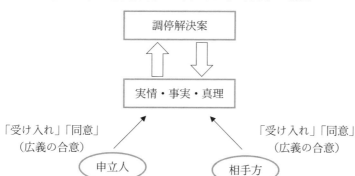

　そして、「実情・事実・真理」を「受け入れ」たり「同意」をすると、当事者のこころの中にはもう一つ別の心理が生まれてきます。それは、「折り合いをつける」（納得）という心理です。当事者は「実情・事実・真理」と向き合う中で、それが再び自分自身に戻り、自分自身との間で「折り合いをつける」（納得）心理が生まれてくるのです。

　そして、この当事者双方の「折り合いをつける」（納得）心理が、当事者双方を「合意」に結びつけることになるのです。そこで、「受け入れ」「同意」「折り合いをつける（納得）」と「合意」との関係を図示すると、次頁〈図表27〉のようになります。

　〈図表27〉にみるように、「合意」というものは、当事者が「実情・事実・真理」と向き合い、それを「受け入れ」たり「同意」をする中で、「実情・事実・真理」と密接な関係にある調停解決案を認めざるを得なくなり、そこから、当事者が次に自分自身との間で「折り合いをつける」（納得）心理が生まれてきて、そこでようやく相手当事者との間で「合意」に至るという複雑な経路をたどるのです。

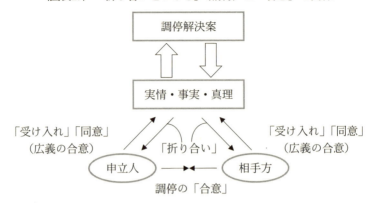

〈図表27〉 「折り合いをつける」（納得）と「合意」の関係

したがって、当事者が「実情・事実・真理」を「受け入れ」たり、「実情・事実・真理」に「同意」するということが、調停解決案を当事者に認めてもらううえでの鍵となります。

ではこの場合に、最後の当事者間の「合意」というのは何になるのでしょうか。それはいわば、当事者の最後の「確認」という意味になります。私はこのような調停解決モデルを「調停＝判断・同意説」と呼び発表しましたが[81]、現在は「真実発見＝同意説」と呼んでいます。

ところで「実情・事実・真理」を考える場合、「実情・事実」は何となくわかりますが、では「真理」とはいったい何なのでしょうか。それは以前述べた「条理」であり、つまるところ、「誰にとってもそうであるところの考え」ということになります。

(2) オプション（選択肢）

調停解決の技法について考える場合、「オプション」（選択肢）という方法も参考になります。

外岡秀俊氏によると、アメリカ政府では、ある政策を決定するにあたっては、決定権者に対して複数の選択肢（オプション）を提示し、どの政策をとればどのようなメリットやデメリットがあるのかを予測しておくのが、ごくふつうの手順といいます。そして、そこでの注意すべき点として、次の四つを

あげています[72]。

第一　多くの場合、オプションには「現状維持」という項目が含まれること。

「現状を選び直す」という「現状維持」も、常に念頭に置かねばならない選択肢の一つである。

第二　選択肢の手法は、「想定される限りの可能性を網羅した一覧表」であること。

思いつきやいきあたりばったりの状況対応的な弥縫策ではなく、あらゆる可能性を考え尽くした末の最良の選択でなければならない。

第三　政策の決定はオプションの連鎖であること。

第四　オプションといっても、すでにある種の絞り込みや方向づけがなされていること。

調停においては、調停担当者もこれに近いようなことをしているはずです。

2　その他の技法

(1)　協調的交渉モデル

鈴木有香氏は、協調的なコンフリクト解決では、当事者双方が自分の望むものを手に入れるために、①暴力や嘘をつかないで、②相手の本音を理解するために話合い、③ルール（分け方）を決め、分ける時は、④相手を信用することが期待されると説明しています。

そして、こうしたコンフリクト解決のストラテジーを「協調」あるいは「協調的問題解決」と呼び、そのために必要な話合いは「協調的交渉：collaborative negotiation」と呼ばれ、協調的交渉スキルを基本にコンフリクトを解決していくことが目指されているといいます[27]。

そして、協調的交渉モデルとそこで使われるコミュニケーション・スタイルについては、〈図表28〉のように説明しています。

協調的交渉モデルは、自主交渉援助型調停と同じ解決スタイルといえます。

第3章　家事調停に取り組む

〈図表28〉　協調的交渉モデルの流れ図

```
　　コミュニケーション　　　　　　　　コンフリクトの構成要素
```

①準備段階
- コンフリクトの分析を行い、自分なりに交渉の流れをシミュレーションする。
- ホスト側の場合は話し合いの場の設定を考える。

②儀礼交換
- 挨拶や雑談をしてラポール（信頼感）の形成に努める。

（儀礼交換・共通点の表明）

③情報の共有化
- 立脚点とニーズを明確化する。
- 双方が相手のニーズを理解する。

（伝達・基本的傾聴）

④問題の再焦点化
- 双方のニーズに焦点を当てる「双方のニーズを満たすためにはどうしたらよいか？」と問いかけをする。

（問題の再焦点化・共通点の表明）

⑤解決案の創出
- 再焦点化された質問文をもとにブレーン・ストーミングをする。破壊的提案は用いない。

（共通点の表明、伝達、基本的傾聴・建設的提案）

⑥合意とアクション・プラン
- 合意事項を確認する。
- 必要に応じて書面化する。実施のための計画プランを作る。
- 友好的に終了する。

（共通点の表明、儀礼交換）

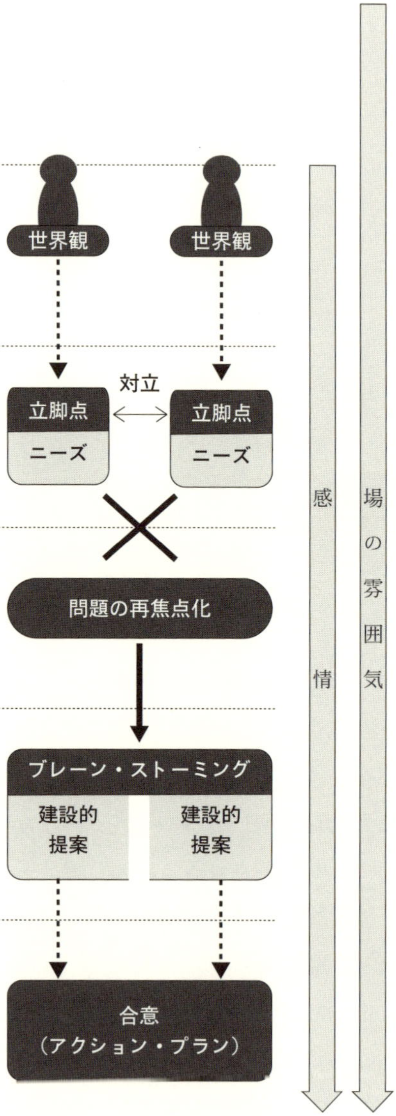

右側フロー図：世界観／世界観 → 立脚点・ニーズ（対立）立脚点・ニーズ → ✕ → 問題の再焦点化 → ブレーン・ストーミング（建設的提案／建設的提案）→ 合意（アクション・プラン）

右端：感情／場の雰囲気

鈴木有香『コンフリクト・マネジメント入門』（自由国民社、2008）83頁から引用

128

したがって、自主交渉援助型調停あるいは対話促進型調停を考えていく場合には、この協調的交渉モデルの流れを頭に入れておき、そこにおけるスキルの習得が必要になってきます。

(2)「教師学」の紛争解決法

教師学とは正式には Teacher Effectiveness Training といい、日本語訳は「教師として効果をあげるための訓練」です。これは臨床心理学者のトマス・ゴードンが開発したものです。

教師学では問題解決を六段階で進めていきます。その六段階とは、以下のような内容です[82][83]。

準備段階＝解決法の説明

第一段階＝欲求を明確にする。

・自分の欲求を私メッセージで出し、相手の欲求をアクティブ・リスニングで受け止め、互いの問題点を明確にして確認する。

第二段階＝可能な解決策を出す。

・さまざまな解決策を思いつくまま出す。批判や評価をしない。

第三段階＝解決策を評価する。

・一つひとつ評価し、自他の欲求を満たし実行可能なものを検討する。

第四段階＝最善の解決策を決定する。

第五段階＝実行に移す。

・誰が何をいつまでにするか。

第六段階＝結果を評価する。

自主交渉援助型調停では、お互いのニーズや関心を満たす解決のことを「ウィン－ウィン」と呼んでいますが、教師学ではそれを「勝ち負けなし法」と呼んでいます。

3　調停における解決

(1) さまざまな解決の仕方

調停での解決を考える場合、さまざまな解決の仕方を知っておくことが必要です。それは、柔軟な解決をするためです。

まず、解決には全面解決と部分解決とがあります。全面解決とは、たとえば離婚調停事件では、離婚、親権者、養育費、財産分与、面会交流、慰謝料、年金分割などが話題に上りますが、それらが全部一度に解決するような場合です。一方、そのうちの一部についてだけ解決が図られる場合が、部分解決になります。

また、解決の仕方には、根本的な解決と当座の解決があります。根本的な解決とは、根本的な原因から解決をみるような場合です。

一方当座の解決は、根本的な解決が無理なような場合に、とりあえずの解決をすることです。たとえば、親権をめぐる争いで合意が得られず、親権と監護権を分離して解決するような場合です。この場合、根本的には解決していませんので、将来紛争が再燃する可能性が残ります。

調停では、当事者双方が満足するような全面解決や根本的な解決はなかなか得られません。それだけに、部分解決や当座の解決を考える必要性があるのですが、このような場合、緊急性の高い問題や重要度の高い問題を優先して解決することが大切です。

(2) 「事件の解決・終了」と「紛争の解決」

家事調停での解決を考える場合、「事件の解決・終了」と「紛争の解決」の理解と区別も必要です。たとえば、妻が離婚調停を申し立てたが、相手方夫が一度も調停に出てこないような場合、調停を行うことはできないので、最終的に妻は取り下げることになるでしょう。このような場合、夫婦間の離婚紛争は未解決のままですが、家庭裁判所における離婚調停事件は終了となります。

本来なら「事件の解決・終了」と「紛争の解決」とは一致するのが望まし

いのですが、実際にはそうならないことが多くあります。

「事件の解決・終了」というのは、当事者からみた場合の解決ではなく、調停機関からみた場合の見方です。ですから、「事件の解決・終了」には調停機関側の考え方や意向が反映されるわけですが、そこにおいては当事者が"置き去りにされる"ような解決・終了であってはならないでしょう。

また、面会交流事件のように調停でいったん合意ができても、実施の段階で当事者間に紛争が再燃してしまうような場合もあります。

4　問題解決の「条件」と「基本原則」

(1)　解決の「二つの条件」

遺産分割事件のように財産と当事者の感情が絡み合っている複雑な事件を解決するには、いくつかの条件が必要になります。私はこのような事件の解決を考える場合、「二つの条件」というものを念頭に置きながら考えていきます。

一つは、①相続人の範囲の確定、②遺産の範囲の確定、③法定相続分など、その事件を解決するための「基本的な条件」です。これらはそれ自体が動くことはないので、「静的な条件」ともいえます。

もう一つは、たとえば、次のようなものです。

① 当事者が解決意欲をもっているか、いないか（調停に出てくるか）。
② 当事者は現実的な考え方ができるか、否か。
③ 財産のやりとりをする場合、使える財産はあるか（代償金はあるか）。
④ 相手当事者と冷静に話合いができるか（対立や抗争状態になっていないか）。
⑤ 問題解決に向けて、当事者が動くか、否か（弁護士をつけるか）。
⑥ 解決を促進する要因はあるか（当事者が解決を急いでいるか：高齢、転居など）。
⑦ 申立てや解決の目的について、双方に隔たりはないか。

これらは、調停で解決を図る際には重要な要因となってきます。私はこれらを「実際的な条件」と呼んでいます。「実際的な条件」は、話合いを実際に動かしていく「動的な条件」といえます。
　難しい事件では、「基本的な条件」（静的な条件）と「実際的な条件」（動的な条件）の二つを視野に入れながら解決を図ることがよいのではないか、と私は考えています。

(2) 解決の「基本11原則」

　私は担当する事件が解決（成立）したような場合、その成功の要因や解決できた法則は何なのか、を振り返るようにしています。そうした中から、「問題解決の原則」というようなものを自分でもつようになりました。それが、以下の問題解決の「基本11原則」です。

① 大きな問題より、小さな問題のほうが解決しやすい。
② 複雑な問題より、簡単な問題のほうが解決しやすい。
③ 関係者が多数より、関係者が少ないほうが解決しやすい。
④ 問題は数がたくさんあるより、少ないほうが解決しやすい。
⑤ 大きな問題は、小さな問題に分けるほうが解決しやすい。
⑥ 当事者が解決を望んでいるほうが、解決を望んでいないよりも解決しやすい。
⑦ 当事者が問題や状況をわかっているほうが、わからないよりも解決しやすい。
⑧ 解決のタイミングが合うほうが、タイミングがずれるより解決しやすい。
⑨ 当事者は問題を早く解決したいと考えている。
⑩ 当事者は調停に出たくないと思っている。
⑪ 当事者は平和で落ち着いた生活が好きである。

　調停での合意（成立）というのは、その場、その時、そのメンバー、その状況下でしか成立しません。そのため、解決の"タイミングを逃さない"ことが肝心です。

また、問題が複雑で解決が困難なような場合には、問題や状況を、あるいは当事者を、この原則に少しでも近づけていくように努めています。そうすると、調停で次に行うべきことは何か、めざすべき方向はどこか、といったことがだんだんみえてくるようになりました。

解決が困難な事件

1 「難しい事件」に取り組む

(1) 複雑困難な事件

　家事調停には、問題が複雑で解決困難な事件が少なくありません。複雑で解決困難な事件に臨むにあたっては、"なぜ複雑で難しいのか"、その理由を理解しておくとよいと思います。

　クリティカルシンキング（良質な思考）では、問題が複雑な理由について、①最終的な解決に至るまで時間をかけて何段階にもわたって取り組む（考え行動する）必要がある、②最終的な目標を解決するまでに解決すべき小さな問題がいくつも存在する、③複雑になればなるほど分岐点が増えるとし、そこでは、「出発点とゴールの距離が遠くなり、先が見通しにくくなるからである。分岐点が多く袋小路（行き止まり）が多くなるほど難しい。選び得る選択肢が増えるからである」と述べています[84]。

　では、このように複雑な問題を解決するには、いったいどうすればよいのでしょうか。それには、「下位目標分析」というやり方が効果的とされています。「下位目標分析」とは、問題を複数の小さな問題に分割して解決する方法です。

　そのやり方は、「問題は一つの大きなかたまりではなく、小さな問題（下位問題）の集まりと考え、下位問題の解決目標（下位目標）を一つずつ解くことで最終目標に到達できる、と考えること」、そして、「このやり方はかなり応用範囲が広く、他人に問題の解き方を教えるときにも身につけておくべき重要なテクニック」とされています[84]。

　問題が複雑に絡み解決が困難な事件を調停するにあたっては、大きな問題を小さな問題に分けて考えること、そして、小さな問題を一つずつ解決した

り、合意を得たりしながら、最終的な解決をめざしていくことが合理的でよい解決のアプローチとなります。

(2) 子どもが関係する事件

　家事調停では、(親権に争いのある) 夫婦関係調整 (離婚) 事件、親権者変更事件、面会交流事件など、子どもが関係する事件が多くあります。そして、これらは一般に解決が難しい事件とされています。

　「子どもが関係する事件」が解決困難な理由の一つは、"三者関係"の事件のためです。"二者関係"の事件であれば、当事者双方の利害を調整したり、双方の主張の折り合いが比較的つけやすいのですが、"三者関係"になると利害が複雑に絡み合っていることが多いため、調整がつきにくく、そのため解決に向けた動きがとりにくくなるのです。

　精神科医岡田尊司氏は"二者関係"と"三者関係"の葛藤の違いについて、「二者関係でも、葛藤は生じるが、その構造は単純である。要求を満たす、満たさないという対立項は、一方が譲歩するか、双方が妥協するかという形で、解決が可能である。だが、これが三者関係になると、状況は急激に複雑化する。それぞれの微妙な思惑の違いが、絶えず小さな葛藤を生む。二者関係に比べて、完全に満たされた状態というものが、生み出されにくい。絶えず割り切れない状況で、妥協や譲歩を図ることを余儀なくされる」と述べています[85]。

　子どもが関係した事件では、父親、母親双方の主張、要求、ニーズの違いに加え、子どもの福祉や保護、幸福といったものを考えていかなくてはなりません。そこでは絶えず葛藤が生まれ、三者が完全に満たされた状態に達することがほとんどないため、解決が難しくなるのです。では、このような事件はどう解決していけばよいのでしょうか。

　私の経験では、三者が満足するような解決案というのはなかなかできませんでした。どちらかといえば、三者のうちの誰かが不満足なまま、調停が終了したことが多いように思います。

　つまり、三者関係の事件では、三者がそれぞれ満足するような解決案とい

うものはなかなかできにくく、最終的には二者関係の事件に近づく格好になることが多いのです。

2　子の監護関連事件

(1)　子の監護関連事件をめぐる状況

　近年、子の監護関連事件の申立件数がかなり増加しています。子の監護関連事件とは、具体的には面会交流、監護者指定、養育費（監護費用の分担）、子の引渡しなどの事件です。これらの事件は申立件数が増えているだけでなく、昔から当事者間の対立が激しく解決が難しい事件とされていました。

　夫婦関係調整（離婚）事件でも、離婚そのものより養育費や面会交流などが話合いの中心になっているケースは少なくありません。このような現状を反映してか、法務省では平成28年10月に、夫婦が離婚する際に話合うべき事柄として養育費と面会交流について解説したパンフレット「子どもの養育に関する合意書作成の手引」を作成し、各市区町村役場の窓口で離婚届用紙といっしょに交付するようにしています。

　そのパンフレットの中には、「子どもの養育に関する合意書」の書式（【書式5】）と記載例が載っています（パンフレットおよ合意書の書式（ひながた）と記載例については、法務省のホームページをご覧ください）。

　このような現状を考えると、家事調停担当者においては、子の監護関連事件についての理解を一層深めておく必要があります。

(2)　子の監護関連事件の固有性

　子の監護関連事件は、離婚紛争と密接な関係にあります。公益社団法人家庭問題情報センター（FPIC）の若林昌子理事長（元判事、元明治大学法科大学院教授）は、離婚紛争と子の監護紛争との関係性について、離婚紛争における夫婦関係の葛藤状態が養育環境に連動し、一般的傾向として夫婦関係紛争に子の存在が埋没してしまい、最悪の場合、子の監護問題が手段化（争点化）してしまうと説明しています。

【書式5】 子どもの養育に関する合意書

子どもの養育に関する合意書

作成日　　年　月　日

父		母	
ふりがな		ふりがな	
氏　名	㊞	氏　名	㊞
住所	〒　　電話　　メール	住所	〒　　電話　　メール
勤務先	名称　　所在地　〒	勤務先	名称　　所在地　〒

子ども

	ふりがな				ふりがな		
1	氏名		年　月　日生まれ 親権者　父・母	2	氏名		年　月　日生まれ 親権者　父・母
	ふりがな				ふりがな		
3	氏名		年　月　日生まれ 親権者　父・母	4	氏名		年　月　日生まれ 親権者　父・母

養育費

	支払期間		金額	支払時期
子1	年　月　日から	□ 歳に達する月まで □ 歳に達した後の3月まで □	□ 1か月あたり　　円ずつ □ 　年／月分　　　円 □ 　　　　　　　　円	□ 毎月　　日 □ □
子2	年　月　日から	□ 歳に達する月まで □ 歳に達した後の3月まで □	□ 1か月あたり　　円ずつ □ 　年／月分　　　円 □ 　　　　　　　　円	□ 毎月　　日 □ □
子3	年　月　日から	□ 歳に達する月まで □ 歳に達した後の3月まで □	□ 1か月あたり　　円ずつ □ 　年／月分　　　円 □ 　　　　　　　　円	□ 毎月　　日 □ □
子4	年　月　日から	□ 歳に達する月まで □ 歳に達した後の3月まで □	□ 1か月あたり　　円ずつ □ 　年／月分　　　円 □ 　　　　　　　　円	□ 毎月　　日 □ □

振込先	その他
金融機関　　　　　銀行　　　　支店 口座の種類　普通　・　当座 口座番号 口座の名義	

面会交流

	面会交流の内容	面会交流の頻度
子1	□ 面会（宿泊なし） □ 面会（宿泊あり） □	□　　に　　回程度　□ □　　に　　回程度　□ □　　に　　回程度　□
子2	□ 面会（宿泊なし） □ 面会（宿泊あり） □	□　　に　　回程度　□ □　　に　　回程度　□ □　　に　　回程度　□
子3	□ 面会（宿泊なし） □ 面会（宿泊あり） □	□　　に　　回程度　□ □　　に　　回程度　□ □　　に　　回程度　□
子4	□ 面会（宿泊なし） □ 面会（宿泊あり） □	□　　に　　回程度　□ □　　に　　回程度　□ □　　に　　回程度　□

その他（連絡方法や留意事項等を自由にお書きください）

そこで、「子の最善の利益」を守るには、子の監護関連事件を固有なものとして離婚紛争から分離し、当事者間で養育ルールの合意形成を図り、子の利益の実現を図る必要があると述べています[86]。

ここでは、子の監護関連事件の固有性というものについて述べ、それを離婚紛争と切り離すことにより「子の最善の利益」を守っていこうという考えが示されています。

(3) 良好な親子関係の理解

子の監護関連事件においては、子どもの幸福や福祉の実現を図る必要があります。そして、その判断や見極めには、良い子育てや良好な親子関係についての理解が必要になります。では、良好な親子関係とはいったいどういうものなのでしょうか。

子どもが元気に健康に育つには、情緒的適温（適当な温度環境）が望ましいとされています。子どもにとっての適温とは、愛情（affection）、受容（acceptance）、認容（approval）の三つです。

これを子どもの側からいうと、「自分は好かれている（affection）」、「自分は相手にされ、受け入れられている（acceptance）」、「自分は良い子だと認められている（approval）」ことです[68]。

また、親子関係をみる際の一つの視点は、子どもが「どちらの親に触れたがるか」ということが指標になります。それは、触れる（身体接触）という行為はごまかしが効かず、人はその際ストレートに内面を表出するからです[87]。

一般に、人は好きな人には接近し、嫌いな人からは遠ざかろうとします。ですから、子どもの父・母に対する気持ちや思いを確かめたいときには、子どもに対して「父親と母親のどちらに似ていると言われたい？」とか、「運動会で手をつなぐとしたら、父親と母親のどちらと手をつなぎたい？」と聞いてみるとよいと思います。これらは自我理想を尋ねる質問で、子どもはそこで自分の好きなほうの親を選びます。

3　面会交流事件

　私の経験では、家事調停事件の中では面会交流事件が一番難しいように感じました。

(1) 面会交流事件のとらえ方

　では、面会交流事件はなぜ難しいのでしょうか。離婚紛争との関係でもう一度考えてみたいと思います。

　伊藤直文大正大学教授は、離婚について、「大多数は、多くのものが裏切られ、果たされ得ないことを知った結果として生じる。だから、離婚においては、傷つき、失望、幻滅、自己嫌悪が、特有の愛憎に色づけられながら渦巻くことになる」と説明しています[88]。

　一方、面会交流事件では、このような状況下にある当事者間で、面会交流をめぐって「関係を取り結ぶ」必要があります。ここにおいては、離婚紛争の対立的・対決的姿勢とは別の"協調的姿勢"が当事者双方に求められます。なぜなら、対立的・対決的姿勢のままでは、面会交流を取り決める際にも、また実施に向けた動きや接触の際にも、さまざまな見解の相違や衝突が生じてしまうからです。

　また、対立的・対決的姿勢のままでは、当事者の間に考え方の相違や衝突が生じたような場合に、それを解決したり調整する話合いがもてません。その結果、些細なことから対立が激化し、対話や面会交流の拒否にまで発展していってしまいます。

　面会交流事件が難しい理由の一つは、過去および現在の夫婦間の葛藤や紛争が、面会交流をめぐって再現されてしまうことにあると私は考えています。

　面会交流は一般に、別居親との交流が子どもの健全な発達に資するものと考えられています。ここでは子の健全な発達が目的であり、それを実現する手段として別居親と子どもとの接触や再会があり、接触や再会の狙いは、そこにおいて交わされる「親子のふれあい」や「親の愛情」や「親子の絆の確認」です。

面会交流は「親子のふれあい」や「親の愛情」の提供の機会を保障するものであり、したがって、面会交流が保障するのは"交流"という名の「接触」「再会」「ふれあい」です。

　そして、面会交流を実際に行うには、別居親は同居親と何らかのかたちで接触し、打合せや話合いをしなければなりません。ところが、この際に別居親は、同居親に対して自分が婚姻中にみせていた権力関係や影響力を再び発揮してしまいやすいのです。

　そのため、面会交流に基づく接触や再会は、同居親にとっては別居親からの強い権力的支配や影響を受けることと同じであるため、そのことに常に恐怖を覚えていなければならなくなります。

　一方別居親にとっては、面会交流は子どもとの唯一の「ふれあい」「親子の絆」「親の愛情」を確認する機会や場であるため、面会交流を強く求めていくことになります。

　ですから、面会交流に関しては、それが子どもや同居親にとってマイナスに作用する場合もあることを念頭に置いておく必要があります。それは二次被害につながるので、二次被害がないようにすることが重要で、無理に面会交流を実施させることは適切とはいえません。

　(2) 面会交流の基本認識

　面会交流に関しては、次のような認識をもつことが必要ではないか、と私は考えます。

　① 面会交流は、「新しい生活スタイルの構築」である。

　　　面会交流がうまく実施されるには、当事者双方の認識の一致が必要です。また、面会交流が取り決められると、それを柱に当事者の生活を組み立てる必要が生じます。これは当事者双方にとって、今までにない生活スタイルに入ることを意味します。

　② 面会交流は、誰もが未経験で未熟である。

　　　面会交流では、生起するさまざまな課題や問題に対する取組みや姿勢が成功のカギを握ります。面会交流では実施に向けたプロセス管理が重

要ですが、その前に「当事者は未経験で未熟である」という認識が大切です。面会交流では初めからうまくいくことは少なく、それは当事者双方が協力したり、やり方を工夫してつくっていくものです。

また、面会交流では実施に際しての問題や課題について探る必要があるため、リハーサルを行う必要があります。その意味で、家庭裁判所で行われている試行的面会交流はリハーサルと同じではありません。家庭裁判所の試行的面会交流では、トラブルを防ぐために当事者双方の接触を極力避けるかたちで行われています。

面会交流がほんとうにできるかどうかは実際にやってみないとわからない部分があり、その意味で、実際に近い状況の中で試みることがどうしても必要になるのです。

③　実施の前提は、「協調的姿勢」「信頼」「対話」にある。

伊藤直文教授は、対立（敵対）的関係にある紛争当事者間で紛争の実質的解決がなされるには、当事者関係が「協調的」関係になっていくことが肝要であること、対立的関係では「勝ち負け」が関心の中心になるが、協調的関係ではお互いの傷つきと苦しみを認めたうえで、今後のそれぞれの生活の安定のために、穏当で受入れ可能な結論を探す作業を協働して進めることが重要で、紛争からの出口を協調して探すことで、その後の紛争の種や当事者の悔いや傷つきを減じることができると説明しています。

そして、離婚が避けられない場合、両親（夫婦）が子どもを含めたそれまでの結婚生活の結果を引き受けていくためには、最小限の信頼感と責任感を持てるようになって別れることをめざすべきであると説明しています[55]。

④　面会交流はルールのある交流である。

調停で取り決められた場合はもちろんのこと、そうでない場合でも、面会交流はルールの中で行われる必要があります。その場合のルールとは、以下のような原則です。

- 面会交流では、子どもを最優先に考える。
- 同居親と別居親は、互いに相手の立場や考えを尊重しなければならない。
- 同居親と別居親は互いに、同等の負担を負い、同等の恩恵を受ける。

⑤ 「子の最善の利益」より「子への最小限の影響」を考える。

　面会交流事件はじめ子の監護関連事件においては、「子の最善の利益」が重要視されています。それは間違いではありませんが、調停で当事者に子どもの福祉や幸福を考えさせたり、その方向に当事者を動かしていく場合は、「子の最善の利益」という言葉は適切とはいえません。

　なぜなら、ここで問題になるのは、親の離婚や面会交流をめぐる紛争の渦中にあって、「いかに子へのマイナス影響を最小限にするか」ということだからです。そして、この「子への最小限の影響」こそが、子にとっては「最善の利益」になるのです。

　また、「子の最善の利益」という言葉はかなり抽象的であるため、人に行動化をさせる場合には、具体的に何をすればよいのか皆目見当がつかないからです。その意味で、「子の最善の利益」は行動化できにくい言葉といえます。

　さらに、当事者はどちらも、調停で「自分の最善の利益」を求めています。このような状況の中にあって、当事者の気持ちや考えを子どもに向けさせていくには、「子への最小限の影響」について考えさせることが必要です。その理由は、そのことによって、当事者双方は離婚せざるを得なくなった自分たちの状況を振り返り、子どもに対する負い目や罪悪感を感じることになるからです。

　赤石千衣子・しんぐるまざーず・ふぉーらむ理事長によると、面会交流がうまくいっているケースにおいては、実際、子どもへの「離婚による影響を最小限にしようという父母の協力が」みられるといいます[80]。

　ここまでの説明を整理すると、面会交流が実施できるためには、当事者双方が協調的または協力的関係になることが必要であり、そこでは対話ができ

ることが最低条件です。このような関係になるように調整したり、話合いを行うのが、面会交流事件の調停といえます。

(3) 面会交流におけるプロセス管理

一般に、調停では成立（合意）がゴールと考えられています。面会交流事件の調停の場合も、調停成立（合意）により紛争は一応解決をみたと考えます。

しかし、面会交流事件の場合は、調停成立（合意）＝ゴールではありません。なぜなら、面会交流に関しては、実際に実施されなければ意味がないからです。面会交流事件においては、調停成立後面会交流が一度も実施されなかったり、数回の実施で中断してしまうようなケースがたくさんみられます。

また、実施できない場合、権利者は家庭裁判所に履行勧告の申し出を行いますが、家庭裁判所から義務者への働きかけもなかなかうまくいかないのが実情です。間接強制を行うことで権利者に実施を求める方法もありますが、そこにはまた別の問題が生じてきます。

これらを踏まえて面会交流事件の特徴をみてみると、①調停での取決めが容易ではない、②取り決めてもうまく実施できない、③実施されない場合、履行確保にも苦慮する、ことがあげられます。

したがって、面会交流事件に関しては、調停成立（合意）＝ゴールではなく、それは実施に向けての一つの契機にすぎず、実際のそして実質的なゴールは、トラブルがなく、安定的に、日常的に、継続的に、面会交流が実施できることになります。そのため、面会交流においては、実施方法や実施に向けたプロセス管理が重要になってきます

(4) 面会交流の実施

では、なぜプロセス管理が求められるのでしょうか。それは、面会交流においては、実施の際に深刻な問題がたくさん報告されているからです。

たとえば、日本弁護士連合会両性の平等に関する委員会有志が行った「司法が関与する面会交流の実情に関するアンケート調査」結果によると、①DVへの配慮なく面会交流が決められ、その結果、DV事案では面会交流実施の

際に、別居親の暴力的言動に遭遇するリスクがあること、また、②別居親の問題ある言動として、別居親の権利意識を基盤とする過大な要求、面会時の威圧的言動、ルール無視、面会交流への非協力、などが報告されています[89]。

したがって、面会交流においては当事者間での取決めも大事ですが、それと同じくらいに面会交流の実施のあり方が重要になってきます。では、面会交流がうまく実施されるには、どのような方法やプロセス管理がよいのでしょうか。

面会交流事件の調停においては、その実施に向けたプロセス管理については十分話合いがなされない傾向があります。それは、「面会交流を取り決めた後の当事者間の問題であり、家事調停はそこまで関与しなくてもよい」、という考えがあるからかもしれません。

面会交流の進め方やプロセス管理については、民間のサポート機関の取組みが参考になります。たとえば、大阪ファミリー相談室（FPIC 大阪）では、面会交流のサポートにあたって、当事者に次のような説明を行っているといいます[90]。

① 面会交流の場面に当事者間の紛争を持ち込まない。
② 面会交流に関する要望は必ず支援者を通す。
③ 面会交流中は支援者の指示に従う。
④ 当事者双方は子の心身の安全に最大限の配慮をする。
⑤ 子の都合を優先して面会交流の日程を調整する。
⑥ 誕生日やクリスマス以外のプレゼントはなるべく控える。
⑦ 父母からの一方的な面会交流の終結を厳禁する。
⑧ 子の前で涙を見せたり、感情的にならない。
⑨ 普段から子の前で相手親の悪口を言わない。
⑩ 非監護親は、子に現在の生活のことや監護親のことを根掘り葉掘り聞かない。
⑪ 監護親は、「いつでも非監護親に会っていいよ」と開かれた態度で子と接する。

面会交流においては、トラブルがなく、安定的に、日常的に、継続的に、実施されることが目標でありゴールです。そのためには、実施に向けて当事者双方の認識を一致させ、ルールを定め、当事者間に最小限の信頼感の醸成と意思の疎通を図り、プロセスを適切に管理していくことが求められます。

(5) 調停担当者の役割

では、調停担当者は面会交流事件の調停において、どのような役割を果たすべきなのでしょうか。調停担当者が果たすべき役割は、「支える」、「つなぐ」、「つくる」の三つです。

「支える」は、当事者双方および子に対して面会交流への理解を促し、前向きになるように働きかけ、支えることです。ここでは、別居親が問題ある言動をとらないようにきちんと説明を行い、問題ある言動が面会交流の正常な実施を妨げることをきちんと理解させる必要があります。このようなことを行うことも、当事者を支える仕事の一つです。

「つなぐ」は、対立的・対決的姿勢を緩和し、当事者双方および親と子どもとの間に信頼感と安心感をもたせるように動いたり、働きかけを行い、三者関係をつないでいく役割です。

「つくる」は、面会交流がしやすい環境の整備や子どもを育んでいくための環境づくりです。面会交流事件における調停担当者の役割は、〈図表29〉のように示すことができます。

〈図表29〉 面会交流事件における調停担当者の役割

第4章

調停担当者の専門性

家事調停事件に取り組むには、調停担当者においても必要な事柄を学習したり、研究が求められる時代になりました。精神科医の岡田尊司氏は、「社会的人格者が尊敬を受けた時代は、遠い過去の話になろうとしている」[85]と述べています。

調停担当者の人間性

調停担当者がその職責を十分果たしていくには、何が求められるのでしょうか。

1　調停担当者に求められるもの

(1)　「人間」「人生」「社会生活」の精通者

　家事調停委員の経験がある法学者の小山昇氏は、家事調停委員の職務について、要約すれば、「当事者を話合いの場につかせ、話し合わせ、合意させることであり」、「そのために、あっせんをし、必要があれば提案をすることで」、「そのことに家事調停委員は堪能であることが期待されてい」るが、家事調停委員に「期待されることを果たすのが難しい」と述べています[91]。

　そして、小山氏は、家事調停委員は「人間」「人生」「社会の生活」に精通している必要があり、人と人とが衝突する場合の解決方法を見つけ出す力が必要であると説明しています。これは簡単にいうと、「人間、人生、社会生活に明るくなければならない」という意味に理解できます。

(2)　普通の人ではない

　また、南方暁創価大学教授は、調停委員の専門性について、調停委員は高度でさまざまな情報と技法を有して調停に臨んでいること、また調停当事者にとって調停委員は普通の人ではなく、家庭裁判所の人であって、特別の能力と役割がそこに期待されていることを考えると、当事者が調停委員を「専門家」と認識することは自然であると述べています。

　そのうえで、専門家の属性──①業務に関して一般原理が確立、②業務に関する技術習得に長期かつ高度な教育訓練が必要、③免許資格制度を採用、④自立的な職能団体が前提、⑤営利を第一の目的としない、⑥職業人として

の独立性、主体性、⑦社会的地位が高い、を視野に入れながら、調停委員の専門性について、「(1)高度の知識に基づき役割を果たしている、(2)職業人としての独立性、主体性がある、(3)社会的利益の実現に尽くしている、(4)営利を目的としない、(5)調停委員の役割の公共的性格、(6)調停委員に求められる高度の倫理性などに着目すると、『専門家』と見ることができ」、調停という微妙な営みに独自の役割を果たし重要なかかわりをもつ点で「専門家」と考えることができると述べています[92]。

(3) 学ぶ姿勢

調停担当者には、学ぶ姿勢も大事です。調停担当者の研修は、参加が義務のものは少なく、自主研修や自己研鑽が主です。しかし、自主的な参加であるためか、研修にほとんど姿を見せない調停担当者も中には見られます。

私がある家庭裁判所に勤務していたとき、研修の参加者名簿をつくるため、調停委員の過去の研修歴を調べたことがありました。

その結果、調停委員の中には、毎回研修に参加している調停委員と、ほとんどあるいはまったく研修に参加していない調停委員とに分かれました。したがって、調停担当者に関しては、任命後学習や研鑽に一生懸命に"励む調停委員"と"励まない調停委員"とに分かれていきます。

日本調停協会連合会調停委員研修委員会元委員長の深田源次弁護士は、「とかく苦情、非難の的となる委員はなぜか自主研修会に出席しない者が多く、いわばわが意のままの調停を行っている」と述べています[93]。

また、川口冨男元高松高等裁判所長官（元近畿調停協会連合会会長）も、「一番いけないのは、自分の経験だけで調停に対応できると思い込むことで」、「そういう人は自発的には研修には参加しませんし、要するに自分で伸びる芽を摘んでしまいます」と、経験だけで調停することの問題点を述べています[94]。

私がある家庭裁判所に勤務していたとき、ある男性調停委員から、「われわれは社会の中でやってきているんだ。何を今更勉強する必要があるんだ」と言われたことがありました。

調停委員は社会的な地位が高かったり、社会の中で活躍してきたという自負のある方が少なくないでしょう。それだけに、調停委員の中には、この男性調停委員と同じような考えや気持ちでいる方が案外いるのではないか、と私は推測しています。

しかし、今まで紛争の調停経験がない人間が、"調停の王者"である家事調停事件において、自分の経験だけで立ち向かえると思っていたとしたら、それは甘い考えといわざるを得ません。

2　調停担当者としての条件

調停担当者は、何を身に付けなければならないのでしょうか。

(1)　「知識」「技術」「態度」

畑村洋太郎東京大学名誉教授は、企業における技術の伝達について述べる中で、意図して伝えたり強制してでも伝えるべきものには、「知」「技」「行動」があり、「『知』は組織の人間なら誰もが共有すべき生産活動に必要な知識のこと。『技』は技術というよりも技能に近いニュアンスのもので、それぞれの作業に必然的について回る行動や判断のこと。『行動』は技とは呼べない『ごく当たり前』の行動のことで、(中略)『価値観』や『信頼感』『責任感』といった」ものと述べています[2]。

また、医師に必要な臨床能力についてみた場合、そこでは、臨床に関する「知識（knowledge）」「技術（skills）」（臨床家としての）「態度（attitude）」の三つが求められています[6]。ちなみに、「知識」「技術」「態度」は「能力の三要素」と呼ばれています。

つまり、職業人として仕事に取り組んでいくにあたっては、あるいは人間の能力としては、「知識」「技術」「態度」がどの分野においても求められてくるのです。

調停担当者についても同じです。それどころかむしろ、他人のこころや生活を扱う職務の特殊性や必要とされる専門性を考えると、調停担当者には、

高いレベルの「知識」「技術」「態度」が求められるものと思います。

(2) 「推論」能力

　調停担当者には「推論」能力も必要です。「推論」とは、簡単にいえば「論理的な考えをしつつ推理すること」です。

　では、なぜ「推論」能力が必要なのでしょうか。それは推論が論理的だと、「その『推論』のプロセスが形式的に正しい」ことになるからです[95]。

　また、認知心理学では、「思考とは、知識を用いて推論をおこなうこと」、思考力ある人間とは、「豊富な知識を使って適切な推論ができる人」とされています[96]。

　家事調停事件では、紛争の姿や全貌が当事者の口から正直に語られなかったり、表面には出てこない部分があります。また、当事者の説明には偏りがあったり、客観性を欠いているような場合も少なくありません。このような場合、当事者から事情を聴取し事実を探っていかなければなりませんが、その際に必要となるのが「推論」能力なのです。

　「推論」しながら話を聴かなければ、真実や事実というものはつかむことができません。ですから、事実の把握に際して、この「推論」能力は大事な能力になってきます。

　ところで、「推論」する場合、ケースに応じた「推論」、当事者に沿った「推論」、つまり、柔軟な「推論」をする必要があります。そして、このような「柔軟な推論」ができるには、こころの中に自分を縛るものや規制があってはできません。

　調停担当者としては「推論」能力を高めること、また、こころの中の縛りや規制から解放されて「柔軟な推論」をしていくことが必要になってきます。

(3) 調停トレーニング

　調停担当者が職責をよく果たすには、調停に関する学習や研修が必要になります。また、調停トレーニングも求められます。

　レビン小林久子元九州大学教授（公益社団法人日本仲裁人協会理事）は、「調停は安易な解決方法ではありません。誰でもできる調停は、しかし誰もが上

手くできるわけではありません」と述べています[97]。そして、レビン小林久子元教授は、「調停トレーニング」が求められる理由として、以下の六つをあげています[98]。

① 当事者に対する礼儀　　当事者の人生の重大局面に直接かかわる者として、トレーニングを受けたり、必要な準備をしておくことは、調停人にとって最低限の礼儀である。
② 調停人が、調停中冷静さを保つために必要　　話の聞き方、問題の分析の仕方も知らないまま、他人の人生の危機へかかわっていくことは、本当は心細いことなのだ。
③ トレーニングを受けることによって、話合いを動かすことができる　　調停の話合いは山あり谷あり。暗礁に乗り上げた場合、あの手、この手と試みて、話合いを動かす手立てをみつけなければならない。
④ コミュニケーション・スキルの練習は調停トレーニングの主軸　　つらい出来事、悲しい体験を語る当事者が感じる躊躇や恥じらいを理解し、当事者のペースで話合いを進めていくことの大切さと要領を体得することが必要である。
⑤ トレーニングでは良い解決についても教えられる　　良い解決とは、長続きする解決、問題が再発しない解決を意味する。
⑥ 再発を防止するために心を砕くことは、より良い社会の構築に寄与する　　調停人が調停を通じて究極的に求めるものは、紛争のない、平安な暮らしを当事者にもたらすことである。

端的に言えば、当事者のために、調停担当者のために、そしてより良い解決のために、調停トレーニングは必要なのです。

3　自分を知る

(1) 自己覚知

調停技術においては、ツールは調停担当者自身（価値観・考え）であること、

また、調停技術では、ツール（自分）も技術も全部自分の中に一体化して存在することを説明しました（序1(1)(2)）。

ですから、調停担当者の価値観、感情（のメカニズム）、コミュニケーションの特徴や癖、人間性などがすべてツールになります。

そのため、自分の価値観、感情（のメカニズム）、コミュニケーションの特徴や癖などの"ありのままの自分"についての自覚や認識がないと、自分でも自覚することなしに、当事者に対して間違った対応をしたり、問題ある接し方をしてしまうことになります。

ソーシャルワークでは、自分自身を客観的に見つめることができる力を「自己覚知」と呼び、ソーシャルワーカーにとって"不可欠のもの"とされています。

具体的には、自分はいったいどのような考え方をしがちなのか、どのタイプのクライアントには共感しやすく、逆にどのタイプのクライアントには苛立ちを覚えがちなのかなど、援助者のもつ特徴がクライアントとの関係に関係してくるため、「効果的な援助のためには、援助者が自分自身の感情や態度を認識しておくことが必要」とされています[44]。

そして、この自己覚知によって、当事者の話を自分の価値観で勝手に判断したり、自分の価値観を当事者に押しつけたりすることがなくなり、当事者の話を客観的に受け止めることができるようになるとされています。

一方クリティカルシンキング（良質思考）においても、自分の価値基準に沿った一貫した行動や目標追求のための効率的な行動をとるには、「自分自身を客観的に見ることがどうしても必要」であるとし、「われわれは何よりもまず、『自らを知る』ことが大事であ」るが、「それは実際には容易なことではない」と説明しています[46]。

したがって、当事者を理解するには、その前にまず自分自身をよく知ることが必要になります。では、どうすれば自己覚知ができるのでしょうか。

私がソーシャルワークを学んだ福祉専門学校の授業では、自己覚知の一つの方法として、「自分のコミュニケーションの癖」を知ることを教えられまし

た。それは、自分の周囲の人間（家族など）に、「自分のコミュニケーションの癖はなんだと思う？」と尋ね、周囲の人間（家族など）から「自分のコミュニケーションの癖やパターン」について教えてもらうことです。

そのため、私も自分のコミュニケーションの特徴や癖を家族に尋ねたところ、家族は以下のように述べました。

- 話すことがわかりづらい。
- 話に主語がない。「何のこと」と聞かれる。
- 人の言うことを聞かない。
- 人の意見を聞かない。
- 話を聞いているのか、聞いていないのか、わからない。

私はこの回答内容にショックを受けましたが、同時に、家族が私のコミュニケーションの特徴や癖をどうみているのかを知ることができました。

ちなみに、ここでの「コミュニケーションの癖」とは、実際には「他の人とかかわるときのスタンス」を意味しています。

(2) メタ認知

また、調停担当者には「メタ認知」も求められます（「メタ」とは、「上の」とか「超」といった意味です）。「メタ認知」とは、「自分自身の認知や思考、記憶、判断といった『認知』についての知識と、自分の『認知プロセス』、つまり自分のものの考え方や判断のしかたについての内省的な吟味をさす言葉」とされています[84]。

わかりやすくいえば、「自分の認知活動を更に上のレベルから自己モニターする行為のこと」で、「自分で自分の考えていること、やっていることを客観視して、その誤りや偏りを自分で修正していける力のこと」です[99]。

では、なぜこのような「メタ認知」が求められるのでしょうか。それは、人間の「認知」や「判断」というものは、かなり歪みを生じやすいものだからです。

精神科医和田秀樹氏は、「正しい問題解決のためには、知識、推論能力に加えて、その推論時に発生する思考の偏りや視野狭窄を客観的に認識（認知）

して、それを修正できる力、自分の思考や判断や行動を『上から見る』モニター力が必要になってくる」と述べています[99]。

そして、人の特徴的な"認知の歪み"としては、たとえば、次のようなものがあげられています[100]。

○根拠のない決めつけ＝証拠が少ないままに思いつきを信じ込むこと
○白黒思考＝灰色（あいまいな状態）に耐えられず、ものごとをすべて白か黒かという極端な考え方でわりきろうとすること
○部分的焦点づけ＝自分が着目していることだけに目を向け、短絡的に結論づけること
○過大評価、過小評価＝自分が関心のあることは拡大してとらえ、反対に自分の考えや予想にあわない部分はことさらに小さくみること
○べき思考＝「こうすべきだ」「あのようにすべきではなかった」と過去のことをあれこれ思い出して悩んだり、自分の行動を自分で制限して自分を責めること
○極端な一般化＝少数の事実を取り上げ、すべてのことが同様の結果になるだろうと結論づけてしまうこと
○自己関連づけ＝何か悪いことが起こると、自分のせいで起こったのだと自分を責めること
○情緒的な理由づけ＝そのときの自分の感情に基づいて、現実を判断すること
○自分で実現しまう予言＝自分で否定的予測を立てて自分の行動を制限してしまい、自分の行動を制限するものだから、予測どおり失敗し、その結果、否定的な予測をますます信じ込むこと

また、「問題解決のためのメタ認知能力」としては、次のようなものがあげられています[99]。

○自分の限界を予測する。
○自分にとって何が問題なのかを明確にできる。わからないときでも、「何がわからないか」を説明できる。

○問題解決の方法を予測し、そのための計画が立てられる。解決法が複数ある場合は、どれが最も有効かの判断ができる。

○点検とモニタリングができる。

○結果と当初の目標を照合して、計画の継続や中止を判断できる。

　調停担当者が調停を"うまく進めていけない"原因を考えた場合、その理由の一つに、この「メタ認知」が関係しているのではないかと私は考えています。

(3) すぐれた思考力をもつ人の特性

　三ヶ月章東京大学名誉教授は、「司法のレベルを規定するのは、結局はそれを運営する人間のレベルだ。それは裁判一般にもあてはまるが、特に調停のような場合には、人の問題というのは、大きなウェートを占めてくる」と述べています[101]。

　調停では、調停担当者にどのような人を得るかということが重要になってきます。では、先に述べたような認知の歪みや判断の偏りがないようにするには、一体どうすればよいのでしょうか。すぐれた思考力をもつ人の特性としては、以下のものがあげられています[46]。

① 知的好奇心――いろいろな問題に興味をもち、答えを探そうとすること
- ふつうの人が気にもかけないようなことに疑問をもつ。
- 新しいものにチャレンジするのが好きである。
- いろいろな分野について、本を読み、精通している。

② 客観性――何事かを決める時、感情や主観によらず、客観的に決めようとすること
- 冷静な態度で判断を下す。興奮状態で物事を決めたりすることはない。
- 判断を下す際には、義理人情よりも真実や証拠を重視する。
- 判断を下す際には、自分の好みにとらわれないようにする。

③ 開かれた心――いろいろな立場や考え方を考慮しようとすること
- 問題の良い面と悪い面の両面をみる。

- 一つ二つの立場だけではなく、あらゆる立場から考慮しようとする。
- 偏りのない判断をしようとする。

④ 柔軟性──自分のやり方、考え方を自在にあらためることができること
- 独断的で頑固な態度にならない。
- 必要に応じて妥協することもできる。
- 一つのやり方で問題が解決しない時には、いろいろなやり方を試みる。

⑤ 知的懐疑心──十分な証拠が出されるまでは、結論を保留すること
- 何事も、少しも疑わずに信じ込んだりはしない。
- 確たる証拠の有無にこだわる。
- 根拠が弱いと思える主張に対しては、他の可能性を追求する。

⑥ 知的誠実さ──自分と違う意見でも、正しいものは正しいと認めることができること
- 自分の立場に有利なものも不利なものも含めて、あらゆる根拠を求めようとする。
- 自分とは別の意見を理解しようと努める。
- 自分の立場に反するものであっても、正しいことは支持する。

⑦ 筋道立っていること──きちんとした論理を積み重ねて結論に達しようとすること
- 問題と関係あることと無関係なことをきちんと区別できる。
- 論理的に議論を組み立てることができる。
- 結論は根拠から直接導かれることにとどめ、無理な論理の飛躍を行わない。

⑧ 追究心──決着がつくまで考え抜いたり議論をしたりすること
- 問題を解決することに一生懸命になる。
- 考え得る限りすべての事実や証拠を調べる。
- 他の人があきらめても、なお答えを探し求め続ける。

⑨ 決断力──証拠に基づいてきちんと結論を下すことができること

- 結論を下すべきときには躊躇しない。
- 根拠に基づいた行動をとる。
- いったん決断したことは最後までやり抜く。

⑩ 他者の立場の尊重――他人のほうが正しい場合は、それを認めることができること
- 他の人の考えを尊重することができる。
- 他の人が出したすぐれた主張や解決案を受け入れる。
- 自分の考えも一つの立場にすぎないと認識している。

　ここでは、客観性、柔軟性、懐疑心、誠実さ、探究心といった、知的好奇心や真実を求めていく態度があげられています。

調停技術の向上

1　調停技術の学び方

ここでは、調停技術についての考えを深めてみます。

(1)　求められる「調停技術」

廣瀬忠夫元家事調停委員は、「調停委員は調停の進め方については、プロでなければならない」とする一方で、家事調停の手引書やハンドブックには「『調停の本質』や『調停の進め方』についての記述は極めて少なく、調停委員の考え方に委ねられている」こと、また、調停の進め方も、「ややもすると従来の伝統的手法に疑問を抱かないまま漫然と行われることが多」いと述べています[102]。

この論稿（平成17年発表）の後、平成25年1月には家事事件手続法が施行され、家事調停をめぐる状況は大きく変わりました。そのため、調停担当者の調停技術や調停の進行・運営に対する関心は、以前よりも高くなってきているように思います。

たとえば、京都家庭裁判所作成の「家事調停ハンドブック」（2014）には、家事調停技法として、①調停の場をつくる技法、②当事者とかかわる技法、③当事者間を調整する技法が詳しく説明されています[103]。

また、東京家庭裁判所の家事調停委員有志による婚姻費用養育費問題研究会では、会員間で事例検討や意見交換を行い、そこから『超早わかり・「標準算定表」だけでは導けない　婚姻費用・養育費等計算事例集（中・上級編）』を平成27年8月に発行（平成28年5月改訂版発行）し、多くの調停関係者や弁護士に活用されています。この『婚姻費用・養育費等計算事例集（中・上級編）』（改訂版）に興味・関心のある方は、婚姻費用養育費問題研究会にお問い合わせください（窓口・編集担当　山本世話人：連絡先080-3507-2512、Eメー

ル　ricebird2050@yahoo.co.jp）。

　これらは、時代の動きやニーズに合わせた調停担当者の取組みといえます。

(2) 「調停の進め方」はなぜ教えられないのか

　家事調停では、調停担当者が「調停の進め方」を学ぶ機会はあまり多くありません。それは、「調停の進め方」というものが、とらえにくい性質をもっているためです。

(a) 「行為知」と「実践知」

　「調停の進め方」は、調停担当者の調停の中での動きや当事者とのかかわり方であり、それは「実践」や「経験」といえます。また、それらは実践をとおして調停担当者が体得したり、つくり出す性質のものです。

　ですから、「調停の進め方」というのは「行為知」であり「実践知」なのです。そして、「実践知」というのは、非常にとらえにくい性質をもっています。

　哲学者中村雄二郎氏は、「実践は甚だとらえにくい」とし、その理由は、人が具体的な問題に直面するとき考慮に入れるべき要因があまりに多いうえ、それらの要因が不確かでゆっくり考えている暇がないからであると説明し、「無数の多くの選択肢があるなかで、その時々に際して決断、選択しなければならない」うえ、「経験のなかでより能動的、つまりとくに意思的で、決断や選択をともなうところのものが実践」で、「実践とは、各人が身を以ってする決断と選択をとおして、隠された現実の諸相を引き出すこと」であると述べています[104]。

　したがって、「調停の進め方」とは調停における調停担当者の決断や選択であり、それを学ぶには、「行為知」や「実践知」である「調停の進め方」を、他者が理解できるようなかたちにすることが必要になります。

　では、「調停の進め方」という「行為知」や「実践知」は、どうしたらかたちあるものにすることができるのでしょうか。

(b) 「暗黙知」と「形式知」

　野中郁次郎一橋大学名誉教授と紺野登多摩大学大学院教授は、知識は「個人的で主観的」と「社会的で客観的」の二つに分類できるといいます。

また、知識には「暗黙の語りにくい知識（暗黙知）」と「明示された形式的な知識（形式知）」の二つがあり、基本となるのは「暗黙知」だが、「暗黙知」は主観的世界なため、その知識をもっている本人自身がなかなか体系的に理解できなかったり、場合によってはそうした知識をもっていることを「知らない」という大きな問題があり、「暗黙知」を理解したり把握するには、客観化作用――つまり、「語る」ということが必要であるとしています。

　また、主観的で言語化・形態化が困難な「暗黙知」と、言語または形態に結晶化された客観的な「形式知」の相互変換や相互作用の循環的プロセスにより知識が創造されていくとし、知識の多くが「暗黙知」なのであり、それをどのように活性化、形式知化し、活用するかのプロセスが重要だとしています[105]。

〈図表30〉　暗黙知と形式知の比較表

暗黙知（Tacit Knowledge）	形式知（Explicit Knowledge）
・言語化しえない・言語化しがたい知識	・言語化された明示的な知識
・経験や五感から得られる直接的知識	・暗黙知から分節される体系的知識
・現時点の知識	・過去の知識
・身体的な勘どころ、コツと結びついた技能	・明示的な方法・手順、事物についての情報を理解するための辞書的構造
・主観的・個人的	・客観的・社会（組織）的
・情緒的・情念的	・理性的・論理的
・アナログ的、現場の知	・デジタル的、つまり了解の知
・特定の人間・場所・対象に特定・限定されることが多い	・情報システムによる補完などにより場所の移動・転移、再利用が可能
・身体経験を伴う共同作業により共有、発展増殖が可能	・言語的媒介をつうじて共有、編集が可能

野中郁次郎＝紺野登『知識経営のすすめ－ナレッジマネジメントとその時代』（ちくま新書、1999）105頁より引用

　さらに、「暗黙知」には認知的な側面と技術的な側面があり、認知的な側面はスキーマ、フレーム、世界観、パースペクティブ、信念、視点などでそれ

らは個々人が世界を感知し定義することを助け、一方、暗黙知の技術的な側面は、具体的なノウハウ、技巧、技能などを含むといいます[106]。

ところで、佐久間新吉元家事調停委員は、家事調停の進め方について、一つは調停の進め方についての共通認識が少ないこと、次に手引書などには調停の進め方の技法についての記述が少ないこと、その結果、各調停委員の認識の差が大きく、「調停の進め方についての標準化が不足している」と述べています[107]。

調停担当者が調停に携わるにあたり、学ぶべき事柄はたくさんあります。しかし、家事調停を進めるにあたって必要となるのは、実は「調停の進め方」であり、それは調停担当者個々人のものの見方（パースペクティブ）やとらえ方、考え方や価値観などが調停での実践と結びつくことで生まれる「暗黙知」なのです。

したがって、暗黙知である「調停の進め方」は、形式知——つまり、言語または形態に変換されなければ、他人はそれを学ぶことができないのです。

(3) 「調停方法論」は「調停モデル論」

調停の進め方——つまり、「調停方法論」を考える場合、留意しなければならないのは、方法論というのは具体的な「調停モデル」によってしか示せないということです。

立花隆氏は、「人間の頭は、モデルを構築して世界を見ているんだということがだんだんわかってきた」と述べていますが[37]、それは調停方法論についても当てはまります。

つまり、調停の進め方（＝調停方法論）をしっかり理解していくには、「調停の進め方モデル」というものが具体的に示されなければ、他人はそれを理解できないのです。

第3章Ⅲ1(1)で、私は「真実発見＝同意説」を説明しましたが、それは当事者を「実情・事実・真理」と向き合わせて事件を解決に導く、一つの「調停モデル論」なのです。

2 何を、どう学ぶか

(1) 調停活動を「科学する」

「調停の進め方」や調停技術を向上させるには、どうすればよいのでしょうか。私の経験では、それは自分の調停活動を「科学的に裏づけていく」ことです。私はそれを「調停を科学する」と呼んでいます。

調停における活動や経験を、書籍や論文や自分の思考によって「科学的に裏づけていく」のです。たとえば、自分がうまくできなかったことやわからないで困ったような場面があった場合、それをこころの中にしまっておき、たとえば本を読んでいてその場面に通じるような内容に出会ったとすると、「そうか、あの場面はこうだったんだ」と自分で理解したり、納得していくという方法です。

このように自らの調停活動を書籍や論文などで確認したり、関連づけたりしながら考えていくと、調停での動きが"科学的裏づけ"や"根拠"をもつものになり、それが自分の調停活動にゆるぎない自信を与えてくれます。

そして、このような取組みは、今目の前にあるケース（事件）にはすぐには役立たないかもしれませんが、将来出会うケース（事件）において、大きな力を発揮してくれたりもします。

(2) 経験と学習を「調停にリンクさせる」

私の調停技術の学習法は、経験や学習や思索を「調停にリンクさせる」というやり方です。調停技術は、経験を重ねるだけではなかなか上達できません。また、調停担当者向けの研修を受けただけでも上達はしません。

調停技術の学習においては、日ごろの学習と思索の継続が大切です。そのためには、いつも頭の隅に自分の課題を置いておき、その課題の解決に向けて考えをめぐらせることが大事になります。

ところで、畑村洋太郎東京大学名誉教授は、創造力のセンスについて、創造力のある人とない人との違いは、「自分の中に備えた基礎知識を応用して使いこなせるか使いこなせないかの違い」であり、「日々見聞きしている情報

を仕事など自分がしていることと常にリンクさせて考えられるか否かのちがい」で、「このセンスを培うためにも毎日の生活の中で知り得たことと自分のやっていることをリンクさせる地道な努力が求められ」るとしています[108]。

　家事調停ではさまざまなケース（事件）を扱いますが、そこでは「創造的な考え」や「解決のためのアイディア」が常に求められます。そして、そのような「創造的な考え」や「解決のためのアイディア」を編み出していくには、経験と学習と思索を「調停にリンクさせる」必要があるのです。

　⑶　**自分の成功例から学ぶ**

　調停担当者は、どうしたら家事紛争（ケース）を上手に解決できるようになるのでしょうか。私の経験から言えば、それは自分の成功体験を大事にするということです。

　自分が「うまくいった」経験を大事にし、それを忘れないようにすること、また、「なぜうまくいったのか」をよく考え、自分の中でそれを整理しておくことです。

　同じように、失敗した場合も「どのように失敗したのか」、「失敗した理由はなぜか」を自分でしっかり理解し、失敗した状況や要因から学ぶことです。

　そうすると、次に同じような場面に遭遇したときに、以前の経験が生きてきます。また、その成功体験が新たなケース（事件）や初めて向き合うようなケース（事件）にも応用することができ、成功体験をさらに積み重ねていけるようになります。

司法サービス

　家事調停は、裁判所が行っている司法サービスの一つとみられています。しかし、司法サービスの内容については、これまでほとんど検討されてきませんでした。そこで、ここでは、サービス・マネジメントの視点から司法サービスについて考えてみたいと思います。

1　「サービス」提供の時代

(1)　「サービス」とは何か

　「サービス」は現代では日常語になっています。では、「サービス」とはいったいどういうものなのでしょうか。

　『広辞苑〔第六版〕』によると、「サービス」とは、①奉仕、②給仕、接待、③商売で値引きしたり、客の便宜を図ったりすること、④物質的生産過程以外で機能する労働、用役、用務など、と説明されています。

　一方、経済学や経営学の分野では、「サービス」とは「顧客に、モノ（有形の製品）ではなく、人間の活動そのものを提供すること」を指しています。そして、ここでの顧客とは、単に単価を支払う買い手だけではなく、サービスを利用する立場の人々一般をいいます。

　また、サービス・マネジメントには、マーケティングの領域と品質マネジメントの領域があり、マーケティングの領域には、Product（製品＝サービスそのもの）、Place（立地・販売チャンネル）、Promotion（販売促進活動）、Price（価格）の四つのPが含まれ、一方品質マネジメントの領域には、People（従事者）、Physical evidence（物的環境要素）、Process（サービス提供過程）の三つのPが含まれます（〈図表31〉参照）。

　製造業の場合、顧客はPeople（従事者）、Physical evidence（物的環境要素）、

Process（サービス提供過程）とは切り離されていますが、福祉サービスを含む多くのサービス業では、顧客がこれらと直に接点をもつため、マーケティングと品質マネジメントとは相互に深く浸透し合うという特徴があります[109]。

〈図表31〉　サービス・マネジメントの対象領域の図

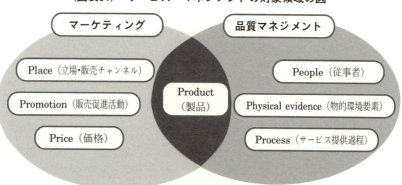

社会福祉士養成講座編集委員会編『福祉サービスの組織と経営〔第4版〕』（中央法規出版、2013）113頁から引用

(2) 「サービス」の特性

サービスは有形製品（自動車や家電製品などのモノ）とは異なり、以下のような特性を有しています[109][110]。

① 無形性　多くのサービスは人の活動であり、物質的実体を有しない。そのため、人は五感を用いてあらかじめ品質を確かめることが困難であり、多くの場合、実際に使ってみるまで品質はわからない。

②生産と消費の同時性　無形性から、特定の時間に特定の場所で生産し、その場で消費しなければならない。また、いったん提供されたサービスはやり直しがきかないうえ、顧客がその場にいるため、サービス提供に伴う間違いや欠点を顧客の目から逸らすことができない。

③ 顧客との共同生産　サービスでは、顧客がサービス活動に参加し、提供者と共同してつくる。たとえば、入浴介助を受ける利用者は、介助

者の指示に従い介助者に協力しなければならないし、介助者は利用者の協力をうまく引き出さなければならない。

④　提供者の異質性と顧客の異質性　サービスに対する品質期待は、顧客一人ひとりで違い、同一のサービスの品質がそれぞれの顧客にとって異なるものとなる。また、サービスの品質は、提供する人によって影響される度合いが高くなる。

⑤　結果と過程の重要性　サービスの本質が活動であるため、結果が出るまでは、働きかけの対象である顧客はその活動を否応なく体験する。そこで、その活動過程の体験がなるべく快適なものであることが望ましいことになり、サービスでは顧客は結果と過程の両方を経験し、その両方とも顧客にとっては重要になる。

一方、人が人に対して対面的に提供するサービス様式は「ヒューマンサービス」と呼ばれ、その中でも、その対象領域がサービス利用者の人間存在に大きくかかわるような医療、教育、福祉など専門職が大きな役割を果たす

〈図表32〉　プロフェッショナル・ヒューマンサービスの位置づけ

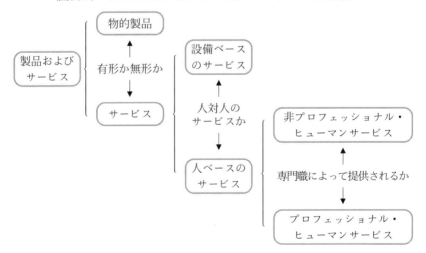

島津望『医療の質と患者満足－サービス・マーケティング・アプローチ－』（千倉書房、2005）24頁より引用；一部改変

サービスは、「プロフェッショナル・ヒューマンサービス」と呼ばれています（〈図表32〉参照）[111]。

そして、プロフェッショナル・ヒューマンサービスには、以下のような特性があります[109]。

① サービス評価の二面性　サービスが専門職によって提供される必要があるということに意味があるため、サービスの評価は専門職でなければできない。そこで、サービスの評価は、顧客と専門職の両者によってなされることになる。

② 顧客の変容性　サービスの提供プロセスの進行に伴って、同一の顧客のニーズあるいは顧客自身が変化していく。プロフェッショナル・ヒューマンサービスでは、顧客の変容をその目的の一部に含んでいる。たとえば、医療サービスでは、手術―入院治療―通院治療と移り変わる。

③ 期待の不明確性　プロフェッショナル・ヒューマンサービスでは、顧客の期待自体が不明確な場合がある。病人は病気を治したいという期待自体は明確だが、では具体的に、どのようなサービスが提供されることを望んでいるのかということは、本人にも明確ではない。そのため、サービス提供者側にも、どのようなサービスを提供すればよいのかという見通しを立てにくくさせる。

④ 連続性　1時間で終わる理容サービス、2時間で終わる映画鑑賞サービスと違って、プロフェッショナル・ヒューマンサービスでは利用期間が長期にわたることが少なくない。離婚紛争の例でいえば、離婚調停―離婚訴訟―控訴審……と長く続いていく。

ここまでの説明で、人の活動を提供する「サービス」というものの性格や特徴について、かなり理解ができたものと思います。

(3)「サービス」の品質

サービスでは品質が問題になります。ハーバード・ビジネススクールの研究グループは、このことについて、以下のような二つの公式を提唱しています[110]。

第一の公式は、以下のようなものです。

$$\text{サービスの価値} = \frac{\text{サービスの品質（結果＋過程）}}{\text{価格＋利用コスト}}$$

　この公式によれば、サービスの価値は、顧客がサービスを購入するにあたって支払った総コスト（分母）と獲得した効用（分子）とを比較することで決まることになります。また、ここではサービス価値は顧客が知覚した価値であることが前提とされ、サービスの評価は、サービスが顧客に実際に提供される現場において、顧客のこころの中で生起する心理的プロセスとされています。

　また、サービスの品質は、①そのサービスの結果についての品質と、②サービスを経験する過程における品質の二つから構成され、①「結果の品質」は、期待どおりの結果が得られたかどうかによって判断され、一方、②「過程の品質」は、活動としてのサービスを体験している顧客がそのサービス提供過程でどのように感じたかにより左右されます。

　さらに、教育、医療、法律関係などのサービスでは、サービスの提供が終了しても、まだ結果が期待どおりかどうか判定できないことも少なくないといいます[110]。たとえば、学習塾で学んだ成果は、受験が終わってその結果が出てみないとわかりません。

　第二の公式は、以下のようなものです。

$$\text{サービスの品質} = \text{サービス実績} - \text{事前期待}$$

　この公式は、自分が実際に得たものと、事前に期待したものとの差が品質の評価になるというものです。顧客の期待は、本人の過去の経験、サービスの種類、宣伝や評判、時と場所によって影響を受けます。

　そこで必要となるのは、第一に結果と過程のサービス内容を充実すること、

第二に顧客の期待の内容を理解し、可能なら期待を条件づけることによって知覚されるサービス品質の向上を工夫することで、たとえばテーマパークなどで行列ができているときに、あと何分ぐらいで入場できるというサインなどは、情報提供によって適切な期待がもてるように誘導しているといいます[110]。

また、医療の領域におけるインフォームド・コンセントにみるように、顧客が自分に提供されるサービスがいかなるものであるかを理解し納得することで、その事前期待を妥当なものにし、それによってサービスの品質に対する顧客の評価（顧客満足）を確保するという側面もあるとされています[110]。

一方、福祉サービスにおいては、顧客自身が自分のニーズを的確に自覚していない場合も少なくないため（期待の不明確性）、サービス提供組織には、精度の高いコミュニケーション能力や深い洞察力が求められるとしています[110]。

(4) 価格とコスト

モノであれ、サービスであれ、顧客にとっては価格が重大な関心事です。福祉サービスの場合、公定価格部分と自由価格部分とが混在していますが（たとえば介護保険）、サービス提供組織としては、単に安いだけではなく、品質を確保したうえでいかに価格を下げることができるかが課題とされています。

また、顧客にとってのコストは、価格と価格以外のものとがあり、価格以外のものとは具体的には金銭的、肉体的、時間的、精神的コストをいい、たとえばレストランで食事をする場合、料理代金以外に移動に要する時間や交通費などがコストとして発生することになります[110]。

2　司法サービスとしての家事調停

(1) 家事調停のサービス性

家事調停は、裁判所の司法サービスの一つとみられています。しかし、司

法サービスとしての家事調停の性質や特徴については、これまでほとんど言及されてきませんでした。

裁判所は具体的な争訟について、法を適用し宣言することにより裁定する司法機関であり、「行政官庁とは性格が異なる」と考える向きが多かったように思います。

しかし、家事調停には福祉的機能（幸福追求機能：ソーシャルワーク）があり、当事者の立場に立とうとすればするほど福祉サービスに近づかざるを得なくなること、また、当事者は法律に反して家庭裁判所に事件送致された者ではないことを考えると、当事者は自分の意思で家事調停（司法サービス）の利用を選択した者（顧客）といえます。

また、実際の調停活動をみた場合、サービスの特性とされる無形性、生産と消費の同時性、顧客との共同生産、提供者の異質性と顧客の異質性、結果と過程の重要性といったものは、家事調停においても当てはまります。

さらに、家事調停は法律が絡んでいる紛争や問題を扱っており、そこでは高度の専門性が求められることを考えると、家事調停は「プロフェッショナル・ヒューマンサービス」とみることができます。

そこでは、サービス評価の二面性、顧客の変容性、期待の不明確性、連続性といったプロフェッショナル・ヒューマンサービスのもつ特性に関しても、家事調停において実際にみることができます。

これらを考えると、家事調停は「司法の提供するサービス」であり、そこでは"調停という活動"を当事者（利用者）に提供していくものであることがわかります。

(2) サービス・マネジメントの視点からみる家事調停

家事調停が司法サービスとしての性格を有する以上、サービス・マネジメントの視点から家事調停をみていくことが可能になります。

(a) マーケティングの視点

マーケティングは、Product（製品＝サービスそのもの）、Place（立地・販売チャンネル）、Promotion（販売促進活動）、Price（価格）の四つのPで展開さ

れることを説明しました。

　家事調停をこの四つのPの視点でみてみると、家事調停の性格がより浮き彫りになります。

　まず、**Product**（製品＝サービスそのもの）では、調停機関および調停担当者の調停活動や当事者への対応などがサービスになります。家事調停は司法機関（国家）が運用しているため、一般に信頼感が高く、公平性や公正さへの信頼や期待も高いものがあります。

　次に、**Place**（立地・販売チャンネル）に関しては、家庭裁判所は本庁50庁のほか、全国各地に支部203か所、出張所77か所が配置されています。

　サービスは特定の時間に特定の場所で生産し、その場で消費されるものですから、生産・消費の場が全国各地に点在していることは、利用者にとってはかなり便利です。利用へのアクセスの良さは、民間**ADR**の及ぶところではありません。

　また、**Promotion**（販売促進活動）に関しては、積極的な**PR**活動や広告は普段は行われていませんが、毎年全国各地で調停協会主催の「無料法律相談会」が行われており、これは家事調停に関する啓発普及と利用促進活動とみることができます。

　一方、家事調停の新受件数は、当事者（顧客）の需要やニーズの表れとみることができます。ここでは調停前置主義の下にあって、一定の件数が毎年申し立てられ、申立事件（ケース）の確保に悪戦苦闘することはありません。また、申立件数が少なくても、そのために家事調停制度の運営が行き詰まるということもありません。

　Price（価格）に関しては、家事調停の利用料（申立費用）は定額でしかも安価です。価格の低さも家事調停の特徴の一つであり、当事者（利用者）は安い費用で利用することができます。

　ただ、申立費用は低額ですが、それ以外にかかる金銭的、肉体的、時間的、精神的面でのコストは、調停を実際に利用してみないとわからないところがあります。

調停の管轄地は一般に相手方住所地であることから、相手方が遠方に居住している場合には、金銭的、肉体的、時間的、精神的コストは膨大なものになる場合があります。しかし、ここの部分は IT 技術の活用で補うことも可能です。

　マーケティングの視点からみた場合、家事調停は、**Product**（製品＝サービスそのもの）、**Place**（立地・販売チャンネル）、**Promotion**（販売促進活動）、**Price**（価格）のいずれの面においても、他の ADR と比較した場合、優位性があるといえます。

(b) 品質マネジメントの視点

　品質マネジメントの領域は、**People**（従事者）、**Physical evidence**（物的環境要素）、**Process**（サービス提供過程）の三つと説明しました。

　サービスにおいては、**People**（従事者）が第一に重要な要素で、それはサービスプロセスにおける人の及ぼす影響——つまり、対人依存度が極めて大きいためとされています。

　また、サービスの特性の一つである生産と消費の同時性とそこから生じるサービス提供者と顧客との共同性（「サービスエンカウンター」といいます）のため、人的要素はさらに重要になるうえ、サービスではさまざまな異質性に取り巻かれ、それに応じて品質要件も変動するため、サービス提供者は常に状況に応じてプロセスをカスタマイズする必要があるとされています。

　さらに、サービスエンカウンターにおける顧客との接触の濃厚さや複雑性から、サービス提供者には極めて高い対人能力が必要とされ、そのため、サービス提供者には専門性に裏打ちされた技術や判断が求められるとともに、常に顧客の最善の利益を実現しようとする顧客志向のメンタリティの高さが求められるとしています[110]。

　家事調停を考えた場合、最終判断者として裁判官（家事調停官）がいますが、個々の調停のプロセスへの関与や当事者対応は、ほとんど調停委員に任されています。ですから、家事調停では、調停委員の役割や影響力がかなり大きいものになります。

また、調停の話合いは、実際には当事者（利用者）と調停担当者との共同作業であること（生産と消費の不可分性）、当事者および当事者のニーズも調停担当者も皆それぞれ違っており（異質性）、調停で取り上げるテーマや解決目標および解決の水準などもそれぞれ異なるため、調停では事件ごとに一つひとつカスタマイズしていく必要があります。

　さらに、当事者（利用者）は家族・親族間で複雑なトラブルを抱えていたり、深刻な悩みを抱えている人々であり、そのような当事者（利用者）にしっかり向き合っていくには、高い対人能力や専門性に裏づけられたところの技術や判断が求められてきます。

　また、サービス業は「感情労働」ともいわれるように、当事者の感情や気持ちをくみ取ることも求められます。これらはどれも難しく、またかなり負担の大きい仕事です。

　Physical evidence（物的環境要素）とは、人の活動であるサービスを取り巻くさまざまな物的環境を指します。

　家事調停の場合、調停は家庭裁判所内の調停室で行われますが、そこには裁判所のもつ権威や威厳、また裁判官の判断やコントロールの下で行われることによる目には見えない秩序や雰囲気が支配しています。ですから、当事者（利用者）は裁判所の構内や建物内であるいは調停室内で、勝手な振舞いや行動をすることはできません。

　Process（サービス提供過程）は、製造業においては製造工程を管理することによって生産性を高め、品質の安定した製品を生み出すことができますが、サービスにおいては、工業的な管理の手法は取り入れることができません。

　また、家事調停は一般に三段階の進め方（『離婚調停の技術』36〜37頁参照）で行われ、手続の流れや活動の方向性は大体示されていますが、具体的な進行・運営の仕方や調停における判断および当事者対応などについては、調停担当者個々人に任されています。

　家事調停では、当事者も調停担当者も各々異なっており（異質性）、事件の種類ごとに調停の進行・運営や解決の方向性や解決目標がカスタマイズされ

る必要性があることを考えると、サービスの品質である「過程の品質」と「結果の品質」は、調停担当者によってかなりバラつきが生じることになります。

(3) サービス提供者の役割

　家事調停が司法サービスとしての性格をもつ以上、調停担当者の役割は、当事者（利用者）と直に接するサービス提供者ということになります。そこで、調停担当者としては"サービスの達人"になる必要があります。では、"サービスの達人"とはどのような人を指すのでしょうか。

　サービスには生産と消費の同時性という特性があり、そこからサービス提供者と顧客との共同性（サービス・エンカウンター）が必要になることを説明しました。サービス・エンカウンターの視点からみると、サービス提供者には、以下のような果たすべき役割があるといいます。[110]。

① 　カウンセラー・情報収集者　「食事の提供」（レストラン）であれ「病気の治療」（病院）であれ、それらは第一義的なニーズで、真のニーズは「楽しい食事」や病院での「苦しみからの解放」かもしれません。サービス提供者はこの隠された真のニーズを読み取ることが必要で、真のニーズを感得し理解することが第一の役割です。

　　第二に、サービス提供者は、顧客の発するさまざまな情報（顧客の不満、特別な要求、ちょっとしたコメント、サービスへの評価等々）の中から、企業に役立つ情報を収集する役割をもっています。これらの中には、改善点や新しいサービス商品の開発やヒントが含まれているため、情報を集める必要があります。

　　第三は、顧客自身のニーズを明確化する役目です。顧客は自分の真の欲求が何なのか、実ははっきり意識できていない場合が少なくありません。顧客との会話を通じて、顧客に自分の欲求をはっきりと意識させることができます。

② 　コンサルタント・情報提供者　顧客の真のニーズの把握後は、そのニーズに応えるため、担当者としてどのようなサービスが提供できるか

を要領よく的確に説明できなくてはならず、これが情報提供者の役割です。ここでは、業界用語を使わないことが重要です。顧客に鈍感なサービス提供者は、あたかも自分の能力を示す機会でもあるかのように業界用語を使いがちですが、顧客が十分に理解できなければ、顧客は自尊心を傷つけられ屈辱感を味わい、説明の目的を果たすことができません。

また、馴染みのない場所で新しいサービスを受けるために、どのように行動すべきかわからない人に対しては、要領よく簡潔な説明が必要になります。その際は、教えるという行動は相手を見下しがちになるため、巧みな説明と相手の立場に立って、自尊心を傷つけないこころのこもった態度を示すことがキーポイントになるとしています。

さらに、顧客の真のニーズを満たすのに複数のサービス提供が可能な場合には、その顧客にとって最も適切な選択ができるよう、顧客のコンサルタントになる必要があり、複数の選択肢を要領よく説明し、顧客の決定を支援します。ここで絶対忘れてならないことは「押しつけを避ける」ことで、顧客が自分で選び、自分で決めたという感覚を持てるようにすることが重要です。

③ ミーディエーター・仲介者　サービス提供者は企業・組織の一員として、効率的なサービス活動を行動基準としなければならないうえ、企業の定めた規則や手続を守らねばなりません。しかし、顧客から企業ルールを逸脱したり、効率性を損なうような特別注文が出された場合、サービス提供者は組織と顧客との板挟みに陥ります。この相反する要求をどのように仲介し調整するかも、サービス提供者の役割になります。仲介者の役割には、状況に応じた柔軟な判断力、経験と知識に裏打ちされた適切な状況判断が求められます。そして、顧客の特別な要求に応じられない場合には、規則だからとはねつけるのではなく、求めに真剣に応じる努力を行い、なおかつ不可能な理由を顧客に納得させる真摯な態度と表現能力が必要になります。

④ プロデューサー・演出者　サービス提供者は、受け持っているサー

ビス・エンカウンターについてその全体を仕切り、自分を含め組織の諸資源をフルに活用して顧客の要求に応える努力をし、できるだけ顧客に満足して帰ってもらえるように、顧客との相互作用を展開しなければなりません。この意味で、サービス提供者はサービス・エンカウンターの演出家であり、プロデューサーになります。

　演出家・プロデューサーとしてのサービス提供者には、冷静にプロセス全体をながめ、感情的にならずに変化を判断できる平常心が大切で、異常事態が発生した場合、定常状態に戻すこともプロデューサーの役割に含まれます。また、そこでは顧客の自主性を損なわず、その場をリードできるような対人関係能力が必要とされます。

⑤　アクター・演技者　　カウンセラー・情報収集者、コンサルタント・情報提供者、ミーディエーター・仲介者、プロデューサー・演出者という四つの役割は、顧客に働きかける演技者としての役割に集約されます。小売店やレストランの接客係から、保険外交員、また医者や弁護士といった専門的サービス業に至るまで、これらの役割を十分に果たすことが、過程と結果の両面で高品質のサービスを提供することにつながるとされています。

(4)　サービス提供者に求められる能力

そのうえで、こうした役割を十分果たすために欠かせない能力としては、以下のようなものがあるとされています[110]。

①　その職務に関連する知識・技能　　メニューの内容について質問に答えられないようでは、サービス提供者としての資格はない。

②　顧客の立場に立てる共感性と感受性、人間理解力　　人の気持ちに鈍感な人間は、サービス活動には向かない。

③　表現能力　　サービス提供者は、言葉による伝達能力と同時に身体を使ったノン・バーバルな表現能力も備えていなければならない。良きサービス提供者は、巧みな演技者・アクターである必要があり、真摯なそしてこころの通い合う接客がサービスの達人の極意になる。

ここでは、調停担当者の役割を考えるうえでの"鏡"として、サービス提供者の役割についてみてみました。その結果、カウンセラー・情報収集者、コンサルタント・情報提供者、ミーディエーター・仲介者、プロデューサー・演出者、アクター・演技者といったサービス提供者に求められる役割は、調停担当者の役割とも共通していることがわかります。

　私がある家庭裁判所に勤務していた時、当事者への対応が丁寧で、かつ調整や調停をまとめるのが上手なある男性調停委員がいました。その男性調停委員は、現役時代は保険会社に勤務していたとのことでしたが、その職業経験が調停委員の職務に大いに役立っているようでした。調停委員の中には、この男性調停委員のように、以前の職務経験が調停でも大いに発揮されている方がいます。

　その理由を考えてみると、このような方に共通するのは、顧客と常に向き合い、顧客とサービス・エンカウンターを行いながら、顧客のニーズを明確にしたり、ニーズをしっかりと把握し、そこから提供できるサービスを考え、丁寧な説明を行い、顧客が自分で選び自分で決定するという、サービスの"達人の技"が存分に発揮されていることです。

　保険の顧客であれ、調停の当事者であれ、そのニーズをしっかりとらえ、サービス・エンカウンターを行いながらニーズにしっかり対応していくことは、企業のサービスでも、司法サービスでも、何ら変わらないものと思います。

3　家事調停の充実

(1)　家事調停の質

　高度の専門性を有する医療の分野においても、福祉や教育などの分野においても、業務を遂行するうえで「サービス」が欠かせない時代になりました。

　司法の分野においては、サービスに対する認識はまだ高くはありませんが、これまでみてきたように、家事調停は司法サービスであることが明らかにな

りました。

　繰り返しますが、ここで述べている「サービス」とは、顧客（利用者）に提供するものが「人の活動」であることで、「奉仕」や「接待」の意味ではありません。では、司法サービスとしての家事調停の品質は、どうすれば保つことができるのでしょうか。

　アメリカ・ミシガン大学のA・ドナベディアン医師は、医療の質について、「質の高い医療とは、治療の全過程で期待しうる効果と、予測しうる損失とのバランス上もたらされる患者の福祉（Patients Welfare）を最大限にできる医療である」と定義しています。

　そして、その質の評価は、構造（structure）、過程（Process）、結果（outcome）の三つの側面で評価できると説明しています[112]。

　構造（structure）とは、その病院がもつ施設や設備と医療スタッフの量や質やその種類、教育や研修の実施などで、いわば物的、人的資源といえるものです。

　過程（Process）とは、実際に行われた治療や看護、リハビリ、栄養管理、在宅復帰や在宅療養の支援、心理的支援や社会復帰の支援、患者・家族の相談や苦情の受入れ、意見の尊重などで、いわば医療者の態度や行動のことです。

　結果（outcome）とは、受けた治療や看護の結果としての患者の健康状態のことです。

　さらに、そこではその医療に関する情報を把握したり、分析したり、報告・発信していることも大切な要素とされ、患者満足度調査を行い、評価、分析、公開してまた意見を募集するという改善のしくみがあることが重要であるとされています。

　ここでの説明を家事調停に当てはめて考えてみると、「質の高い調停とは、調停の全過程で期待しうる効果と、予測しうる損失とのバランス上もたらされる当事者の権利と福祉（well-being）を最大限にできる調停である」と定義することができます。

　そして、ここでは家事調停の質も構造（structure）、過程（Process）、結果

（outcome）の三つの側面からとらえることができ、構造（structure）は家庭裁判所の施設・設備と調停スタッフの量や質、また、そこで行われている教育や研修の実施などになります。

過程（Process）は、調停機関や調停担当者の具体的な調停活動や当事者対応、また当事者の意見の尊重や当事者からの苦情の受入れなどで、調停機関及び調停担当者の態度や行動のすべてになります。

結果（outcome）は、調停の結果とその後の成りゆき、およびそこにおける当事者の満足度ということになります。

また、家事調停でも調停を改善していくための仕組みも大切になり、家事調停に関する情報を把握、分析し、当事者の利用者調査を行い、結果の評価や分析また家事調停に関する意見の募集などを行うことも重要になります。

その意味で、質の高い調停とは、調停担当者が専門性を備えていること、調停の全過程において当事者の期待に違わない調停を行っていくこと、結果においても当事者の満足度が高く、さらに調停の経過と結果の品質を保証するため、調停担当者の教育や研修を積極的に行い、一方では調停改善への意識を持ち、家事調停に関する情報の収集や当事者調査を行って、その改善や発展をめざしていくことになります。

(2) 司法サービスにおける調停担当者の専門性と役割

では、司法サービスとしての家事調停に携わる調停担当者の専門性や役割とは、いったいどのようなものになるのでしょうか。

調停担当者の専門性については、序2「調停技術の専門性」で説明しました。そこでは、調停の基盤にある価値——つまり、「個人の尊厳（の保持）」「社会正義」「両性の本質的平等」「家庭の平和」「健全な親族共同生活の維持」「子の最善の利益」をしっかりと踏まえ、その上に、家事調停で必要とされる「知識」と「技術・方法・態度」を重ねていくことです（〈図表3〉参照）。そして、これらの具体的な中身については、本書の中でこれまで詳しく説明してきました。

一方、家事調停が司法サービスである以上、サービス提供者としての役割

も調停担当者には求められます。具体的には、"サービスの達人"が果たすべき役割とされている、カウンセラー・情報収集者、コンサルタント・情報提供者、ミーディエーター・仲介者、プロデューサー・演出者、アクター・演技者としての役割です。

そうすると、調停担当者としては、調停で必要とされる価値、知識、技術・方法・態度を身に付ける一方で、サービス提供者としての役割も同時に果たすことが求められます。これを図示すると、〈図表33〉のようになります。

〈図表33〉 司法サービスにおける調停担当者の専門性と役割

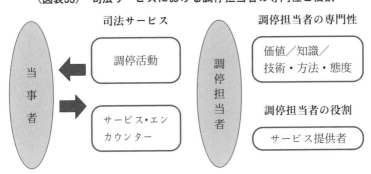

(3) 調停担当者のタイプ

司法サービスである家事調停においては、調停担当者は必要な価値、知識、技術・方法・態度を身に付けると同時に、サービス提供者としての役割も求められます。ですから、調停担当者としては、専門性をもつ自己（専門的自己）であると同時に、"サービスの達人"にもなる必要があります。

そうすると、調停担当者については、専門的自己（価値、知識、技術・方法・態度）の有無（高低）とサービス提供力の高低によって、次の四つのタイプに分けることができます（〈図表34〉）。

Ⅰのタイプは、専門的自己（専門性）がありかつサービス提供力も高いタイプです。サービス・エンカウンターの中で、当事者のニーズを的確につかみ、それを踏まえてカスタマイズした調停ができ、調停の運営・進行や調整がうまいタイプです。調停担当者は専門性をもち、サービス提供力も高いの

〈図表34〉　家事調停担当者の専門性の四つのタイプ

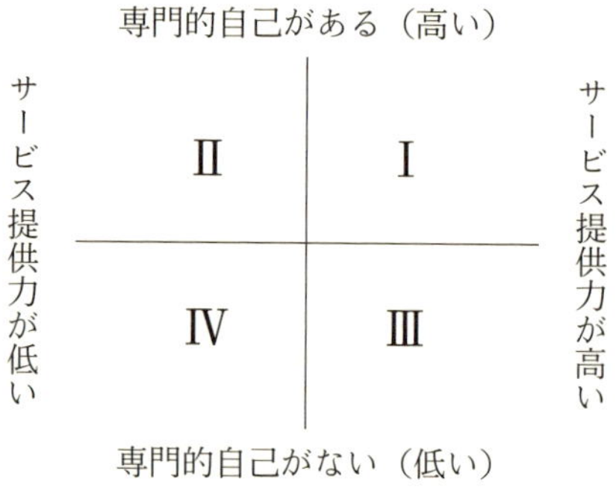

```
              専門的自己がある（高い）
              │
   サ         │         サ
   ー    Ⅱ   │   Ⅰ    ー
   ビ         │         ビ
   ス         │         ス
   提ーーーーーーーーーーーー提
   供    Ⅳ   │   Ⅲ    供
   力         │         力
   が         │         が
   低         │         高
   い         │         い
              │
              専門的自己がない（低い）
```

で、調停の成立率も当事者の満足度も当然高くなります。

　Ⅱのタイプは、専門的自己（専門性）はありますが、サービス提供力は高くないタイプです。ここでは、調停担当者は専門性には自信がありますが、当事者へのサービス提供には関心が低かったり、サービスエンカウンターの中で当事者とやりとりすることがうまくないタイプといえます。当事者の満足度は、当事者が調停担当者の専門性や態度をどう評価するかによります。

　Ⅲのタイプは、専門的自己（専門性）は高くはありませんが、サービス提供力は高いタイプです。サービス・エンカウンターの中で、当事者を尊重する姿勢があり、当事者との関係に配慮できるタイプです。このタイプは当事者の気持ちや感情を損なうような態度や言動は見られませんので、結果のいかんを問わず、一般に当事者からは好感をもたれるタイプです。

　Ⅳのタイプは、専門的自己（専門性）が低いうえ、サービス提供力も低いタイプです。このタイプの調停担当者は「自己覚知」ができていないことが多く、そのうえ調停では"我が意のまま"の調停を行っていくので、調停の成立率も上がらないうえ、当事者（利用者）は不愉快な思いをさせられたり、その言動に傷つけられたりして、調停にマイナス感情をもつことになります。

　司法サービスとしての家事調停を考えた場合、調停担当者には専門的自己（専門性）をもつと同時に、サービス提供者としての意識をもち、サービスの達人になることが求められます。

あとがき

　本書は私の6冊目の著書になります。私は平成16年7月(49歳時)に最初の著書『こころを読む実践家事調停学』(初版)を発刊いたしましたが、それまでは、まさか自分が著書を出すことなど思ってもみませんでした。そして幸いなことに、この書籍は多くの方々の参考にしていただくことができました。

　この本は、私をいろいろな世界に連れていってくれました。たとえば、平成19年7月には八王子調停協会(当時)四木会が、平成20年6月には山口ADR研究会が、私を研修会の講師に招いてくれました。また、家事調停委員ばかりでなく、調停・ADR関係の実務家や研究者の方々との接点も生まれ、世界が広がりました。

　また、この本は、その後の私の情報発信を手助けしてくれました。私の経験では、著書(単著)のない人には出版社は興味を示しませんが、著書(単著)が一冊あると、出版社はその人の著作物に関心を寄せてくれます。たとえば、拙稿「現代型家事調停事件の性格と家事調停の課題(上)(中)(下)－家裁調査官による『実践的家事調停論』－」(判例時報1927号、1929号、1930号：平成18年)は誰の推薦もないのに、判例時報社は私の論稿を採用してくれました。そのため、『こころを読む実践家事調停学』(初版)の発刊後は、私は著作物の発表にそれほど苦労しなくなりました。そして幸いなことに、私の書いた著作物はそのほとんどを発表することができました。

　この本が私に与えてくれたものは、家庭裁判所内外の多くの方々との出会いや情報発信の手助けだけではありません。私にとり幸いだったのは、この本が、次に取り組むべき課題や研究テーマを私に与えてくれたことです。そのため、私は家庭裁判所調査官としての最後の10年間を、実務だけで終わることなく、自分の課題や研究テーマ(「事実の調査技術」と「調停の技術」)に取り組むことができました。

　阿部謹也一橋大学元学長によれば、研究に必要なものは、①素質(耳にした事柄をたやすくつかむ能力)、②修練(もって生まれた才能を耕し尽すこと)、③

学習（称賛に値する仕方で生きながら、日々の行いを学知と結合させること）の三つで、「知恵の探求こそ人生の中で最高の慰めである」といいます（阿部謹也『教養とは何か』講談社現代新書、平成9年）。

このような生活の中でまとめたのが、『虐待親への接近－家裁調査官の目と技法－』（平成17年）、『こころを読む実践家事調停学－当事者の納得にむけての戦略的調停－〔改訂増補版〕』（平成20年）、『こころをつかむ臨床家事調停学－当事者の視点に立った家事調停の技法－』（平成21年）、そして、『ケースで学ぶ　家事・少年事件の事実をとらえる技術－家裁調査官の事実解明スキル－』（平成24年）です。また、それ以外にも論稿をいくつか発表しました。

ところで、私は家庭裁判所を定年退職する1年前に、社会福祉士の国家資格をめざして江戸川大学総合福祉専門学校に入学しました。そこで学んだのがソーシャルワークです。

ソーシャルワークについては、家庭裁判所調査官研修所の初任研修で授業を受けた覚えがありますが、ほとんど記憶がありません。家庭裁判所調査官は人間関係諸科学に精通していると一般にはみられていますが、家庭裁判所調査官の"科学性"は主に心理学や臨床心理学や心理テストのほうを向いており、偏りがあります。そのため、家庭裁判所発足当時はソーシャルワークが家庭裁判所において必要と考えられていましたが、その後このソーシャルワークは、家庭裁判所および家庭裁判所調査官の中でほとんど顧みられることがなくなりました。

それだけに、私はソーシャルワークに新鮮さを覚えると同時に、ソーシャルワークの理念や援助技術は、家事調停および家庭裁判所で求められるものとほとんど同じであることに気づきました。このことは私にとり驚きでした。

そこで、私はソーシャルワークの知見や技術を家事（離婚）調停の中に取り入れることにし、こうしてまとめたのが前著『離婚調停の技術』（平成27年）です。また、私の"実践家事調停学"の中にもソーシャルワークを取り入れることとし、実践家事調停学の知識および経験とソーシャルワークのエッセンスを融合してできたのが本書です。

ところで、哲学者鷲田小彌太氏は、人間の最も人間らしい能力＝機能は言葉を使うことであり、「自分の能力を高度に発揮するとは、言葉によって最高の自己表現をすることで」、「人間は言葉を自在に用いることができることで、無上の快感、幸福感を味わう」と述べています（鷲田小彌太『社会人から大学教授になる方法』PHP新書、平成18年）。

私は家庭裁判所での最後の10年間を、自分の研究テーマに取り組み、そこで情報発信をしてきましたが、それはこの無上の快感と幸福感を味わうことでもありました。そして、そのスタートが『こころを読む実践家事調停学』（初版）の発刊であったことを思うとき、この本は私の人生にさまざまな"彩り"を添えてくれたように思います。

そして、この本の"DNA"を受け継いだ本書が、家事調停の新たな時代に発刊できたことは、私にとりこの上もない喜びです。

もちろん、ここまで私一人の力できたわけではありません。裁判官はじめ家庭裁判所の職員の方々、家事調停委員の方々など、多くの方々の励ましやご支援のお蔭です。

とくに、田中由子元判事には、水戸家庭裁判所長時代に、私が『こころを読む実践家事調停学』（初版）の執筆を始めたときに、いろいろアドバイスをしていただきました。その後もいろいろな相談に乗っていただき、いつも温かい励ましの言葉をかけてくださいました。そのため、田中由子元判事には感謝の気持ちでいっぱいです。

また、須永和宏・元東京家政学院大学教授（元家庭裁判所調査官）とは、水戸家庭裁判所土浦支部でいっしょに仕事をしましたが、平成4～5年にかけて教育雑誌「健康教室」（東山書房）に家族をテーマにした連載をする際、私を分担執筆者の一人に誘ってくれました。このことは私にとりたいへん貴重な経験となり、その後の情報発信の原点となりました。須永和宏先生にはその後もさまざまなアドバイスをいただき、厚くお礼を申し上げます。

また、佐々木光郎・元静岡英和学院大学教授（元家庭裁判所調査官）とは、いっしょに仕事をしたことはありませんが、さまざまな事柄についていつも

親身になってご助言をしてくださいました。深く感謝を申し上げます。

家事調停委員関係では、関岡直樹元水戸家庭裁判所調停委員（後に千葉家庭裁判所参与員）はたいへん勉強家で、その論稿は私にとってもたいへん参考になり、拙著『離婚調停の技術』の中に引用させていただきました。また、関岡氏に論稿の出版を私が勧めたところ、70歳を過ぎてから執筆に取り掛かり、平成28年4月にご著書『もめごとの仲裁と解決のコツがわかる本』（セルバ出版）を発刊されました。その本のあとがきには私の名前も載せていただき、少しお役に立ててうれしく思います。

また、山本英明家事調停委員は、東京家事調停協会の有志でつくる「婚姻費用養育費問題研究会」の中心メンバーですが、他のメンバーといっしょに『超早わかり・「標準算定表」だけでは導けない婚姻費用・養育費等計算事例集（中・上級編）』（改訂版）を発行するなど、精力的に活動されています。山本英明調停委員は情報のキャッチが早く、本書で紹介した法務省作成「子どもの養育に関する合意書作成の手引き」も山本調停委員から教えていただきました。ありがとうございました。

さらに、本書の原稿段階において、家族法の分野で著名な若林昌子・公益社団法人家庭問題情報センター（FPIC）理事長（元判事、元明治大学法科大学院教授）と、家事事件や家事調停に造詣の深い片山登志子弁護士（片山・平泉法律事務所）に、法律実務家の視点から本書を読んでいただきました。

若林昌子先生とは、稲田龍樹学習院大学法科大学院教授（元判事）の主催する研究プロジェクト（平成28年）でメンバーとしてご一緒する機会が何度かあり、そのご縁で本書についてのコメントをお願いしたところ、家事事件手続法下における家事調停の課題と将来を見据えたうえでの丁寧なご感想をいただくことができました。

また、若林先生のご配慮で、片山登志子弁護士にもみていただくことになり、弁護士の視点から本書の意義と内容についての貴重なご意見を頂戴することができました。そして、お二人の連名で本書を推薦してくれました。このことは、私にとりたいへん名誉かつ光栄なことであり、お二人の先生方に

はあらためて深く感謝を申し上げます。
　最後に、株式会社民事法研究会とは、平成15年9月に同会編集部の田中敦司さんと近藤草子さんが『こころを読む実践家事調停学』（初版）の発刊の打合せで水戸家庭裁判所下妻支部までわざわざお越しいただいたのが最初の出会いで、それから13年余のおつき合いになります。
　執筆経験のなかった私に対し、丁寧なご助言やご指導をしていただき、また私の才能を少しずつ引き出していただきました。私の情報発信は民事法研究会とともに歩んできたものであり、これもひとえに田中敦司さんや近藤草子さんのお蔭と思っております。たいへんお世話になり、まことにありがとうございました。
　また、私の情報発信をいつも温かく見守ってくれている田口信義社長にも、さまざまな面でたいへんお世話になりました。これらの方々には深く感謝を申し上げます。

【引用文献】（掲載順）

[1] R・ネルソン＝ジョーンズ（相川充訳）『思いやりの人間関係スキル』誠信書房、1993
[2] 畑村洋太郎『組織を強くする　技術の伝え方』講談社現代新書、2006
[3] 高野耕一「調停再考－日本の民事調停・家事調停－」判例時報1948号（2007）
[4] 沼邊愛一「家事調停における家事調停委員と家庭裁判所調査官の役割」岡垣學＝野田愛子編『講座・実務家事審判法１総論』日本評論社、1988
[5] 金田一春彦『話し言葉の技術』講談社学術文庫、1977
[6] 斎藤清二『はじめての医療面接』医学書院、2000
[7] (財)とちぎ女性センター「夫・パートナーからの暴力に関する二次被害の実態調査報告書」(2003)
[8] 社会福祉士養成講座編集委員会編集『相談援助の理論と方法Ⅰ（第２版）』中央法規出版、2010
[9] クリストファー・W・ムーア（レビン小林久子訳・編）『調停のプロセス』日本加除出版、2008
[10] ディズモンド・モリス（藤田統訳）『マンウォッチング』小学館文庫、2007
[11] 佐藤綾子『自分をどう表現するか－パフォーマンス学入門』講談社現代新書、1995
[12] 鈴木淳子『調査的面接の技法（第二版）』ナカニシヤ出版、2005
[13] 福原眞知子監修『マイクロカウンセリング－事例場面から学ぶ－』風間書房、2007
[14] 菅原裕子『コーチングの技術』講談社現代新書、2003
[15] ウィリアム・ユーリー（斎藤精一郎訳）『ハーバード流"NO"と言わせない交渉術』三笠書房、1995
[16] 村上由美『声と話し方のトレーニング』平凡社新書、2009
[17] 露伴全集第30巻　随筆「言葉づかい」岩波書店、1979
[18] 橋本敏男『幸田家のしつけ』平凡社新書、2009
[19] 増田明美「一歩一歩」更生保護60巻３号（2009）
[20] 米山公啓『介護の鉄則』小学館文庫、1998
[21] 関岡直樹「グループ討議用の『シート』による家事調停：人間関係調整マップ」(2009、未発表)
[22] 國分康孝『自分を変える心理学』PHP文庫、1994
[23] 神田橋條治『精神科診断面接のコツ』岩崎学術出版社、1984
[24] 伊藤守『１分コーチング』だいわ文庫、2010

[25] 山辺朗子『ワークブック社会福祉援助技術演習② 個人とのソーシャルワーク』ミネルヴァ書房、2003
[26] 若林昌子「婚姻関係事件の調停の進め方」沼邉愛一＝野田愛子ほか編『現代家事調停マニュアル』一粒社、2000
[27] 八代京子監修鈴木有香著『交渉とミディエーション』三修社、2004
[28] 日本調停協会連合会研修委員会家事部会『新版調停委員必携（家事）』日本調停協会連合会、2015
[29] 桜井厚『インタビューの社会学－ライフストーリーの聞き方』せりか書房、2002
[30] 好井裕明『「当たり前」を疑う社会学－質的調査のセンス』光文社新書、2006
[31] 畑村洋太郎『畑村式「わかる」技術』講談社現代新書、2005
[32] 成田善弘『精神療法の第一歩』診療新社、1981
[33] 高橋和巳『心を知る技術』ちくま新書、2000
[34] 平木典子『アサーション・トレーニング』日本・精神技術研究所、1993
[35] 成田善弘『贈り物の心理学』名古屋大学出版会、2003
[36] 津村俊充＝山口真人編『人間関係トレーニング第2版』ナカニシヤ出版、2005
[37] 立花隆＝東京大学教養学部立花隆ゼミ『二十歳のころⅡ』新潮文庫、2002
[38] 黒木保博＝山辺朗子＝倉石哲也編著『ソーシャルワーク』中央法規出版、2002
[39] 鈴木秀子『心の対話者』文春新書、2005
[40] Ｆ・Ｐ・バイスティック（尾崎新・福田俊子・原田和幸訳）『ケースワークの原則　新訳改訂版』誠信書房、2006
[41] イザベル・ナザル＝アガ（田口雪子訳）『こころの暴力　夫婦という密室で』紀伊国屋書店、2001
[42] 立花隆『「知」のソフトウェア』講談社現代新書、1984
[43] 小沢雅子『幸福の経済システム』筑摩書房、1989
[44] 渡部律子『高齢者援助における相談面接の理論と実際（第2版）』医歯薬出版、2011
[45] 牧野昇『知的生産の方法』新潮文庫、1985
[46] Ｅ・Ｂ・ゼックミスタ＝Ｊ・Ｅ・ジョンソン（宮元博章他訳）『クリティカルシンキング入門篇』北大路書房、1996
[47] 家庭裁判所調査官研修所『家事事件調査実務入門（三訂版）』家庭裁判所調査官研修所、1990
[48] ダグラス・ストーン＝ブルース・パットン＝シーラ・ヒーン（松本剛史訳）『話す技術・聞く技術　ハーバード・ネゴーシエーション・プロジェクト』

日本経済新聞出版社、2012
[49] クリストファー・チャブリス＝ダニエル・シモンズ（木村博江訳）『錯覚の科学』文藝春秋、2011
[50] 山鳥重『「わかる」とはどういうことか』ちくま新書、2002
[51] フィッシャー＝ユーリー（金山宣夫・浅井和子訳）『ハーバード流交渉術』三笠書房、1990
[52] 棚瀬孝雄「医療事故と医療訴訟の間」仲裁ADR法学会「仲裁とADR」Vol.4.（2009）
[53] 福田和也『悪の対話術』講談社現代新書、2000
[54] 拙著『離婚調停の技術』民事法研究会、2015
[55] 伊藤直文「家事紛争当事者の面接」臨床心理学第15巻第4号（2015）
[56] 福澤一吉『議論のレッスン』NHK生活人新書、2002
[57] 浅野楢英『論証のレトリック－古代ギリシャの言論の技術』講談社現代新書、1996
[58] 杉田敏『人を動かす「話す」技術』PHP新書、2002
[59] 徳川好子「思い出すこと」水戸家裁広報誌「梅の香」19号（2004）
[60] 鷲田小彌太『「論理的」に考える練習』PHP研究所、2002
[61] 岩田宗之『議論のルールブック』新潮新書、2007
[62] 堀内節「家事調停の真価を發揮しよう」ケース研究11号（1951）
[63] 拙稿「現代型家事調停事件の性格と家事調停の課題（中）－家庭裁判所調査官による『実践的家事調停論』－」判例時報1929号（2006）
[64] 小山昇『民事調停法概説』有斐閣、1953
[65] 田中正人『やさしい民事調停のはなし』ぎょうせい、1983
[66] 諸富祥彦『さみしい男』ちくま新書、2002
[67] 片山登志子「これからの家庭裁判所に期待すること－利用者の視点から」家庭裁判月報64巻10号（2012）
[68] 服部祥子＝原田正文『乳幼児の心身発達と環境－大阪レポートと精神医学的視点』名古屋大学出版会、1991
[69] 伊藤直文「『相談意図』とその『見立て』について」菅原郁夫＝下山晴彦編集『21世紀の法律相談－リーガルカウンセリングの試み－』現代のエスプリ415号（2002）
[70] 諸星裕『プロ交渉人－世界は「交渉」で動く』集英社新書、2007
[71] 秋武憲一『家事調停の現在と今後－東京家庭裁判所及び仙台家庭裁判所における実践を通じて－』戸籍時報670号特別増刊号（2011）

[72] 外岡秀俊『情報のさばき方－新聞記者の実践ヒント』朝日新書、2006
[73] 伊勢田哲治『哲学思考トレーニング』ちくま新書、2005
[74] 鷲田小彌太『自分で考える技術』PHP文庫、1998
[75] 國分康孝『カウンセリング心理学入門』PHP新書、1998
[76] 社会福祉士養成講座編集委員会編集『障害者に対する支援と障害者自立支援制度（第4版）』中央法規、2013
[77] 安梅勅江『エンパワメントのケア科学－当事者主体のチームワーク・ケアの技法』医歯薬出版、2004
[78] 安藤清志『見せる自分／見せない自分―自己呈示の社会心理学―』サイエンス社、1994
[79] 齋藤孝『余計な一言』新潮新書、2014
[80] 赤石千衣子『ひとり親家庭』岩波新書、2014
[81] 拙稿「現代型家事調停事件と家事調停の課題（下）－家庭裁判所調査官による『実践的家事調停論』－」判例時報1930号（2006）
[82] トマス・ゴードン（奥沢良雄ほか訳）「Ｔ・Ｅ・Ｔ　教師学」（小学館、1985
[83] 近藤千恵監修『教師学入門』みくに出版、2006
[84] ゼックミスタ＝ジョンソン（宮元博章他訳）『クリティカルシンキング実践篇』北大路書房、2001
[85] 岡田尊司『社会脳　人生のカギを握るもの』PHP新書、2007
[86] 若林昌子「子の監護関連事件の固有性と家事調停の可能性－子どもの権利条約適合性を求めて－」平成28年9月5日学習院大学東洋文化研究所2016年度プロジェクト「親族法・相続法における合意の効力－東アジア比較家族法研究－」公開講演での説明。
[87] 山口創『愛撫・人のこころに触れる力』NHKブックス、2003
[88] 伊藤直文「離婚する夫婦と子ども」臨床心理学増刊5号「実践領域に学ぶ臨床心理ケーススタディ」（2013）
[89] 可児康則「面会交流に関する家裁実務の批判的考察」判例時報2299号（2016）
[90] 片山登志子＝村岡康行編・面会交流実務研究会『代理人ための面会交流の実務』民事法研究会、2015
[91] 小山昇「家事調停委員は何を期待されているのか」ケース研究148号（1975）
[92] 南方暁「法化社会における家事調停委員の専門性とその責任」ケース研究257号（1998）
[93] 深田源次「弁護士調停委員への要望と期待」第一東京弁護士會々報 No.358（2002）

[94]　川口冨男「調停のこころ」調停時報170号（2008）
[95]　野内良三『実践ロジカルシンキング入門』大修館書店、2003
[96]　和田秀樹『大人のための勉強法』PHP新書、2000
[97]　レビン小林久子『調停の理念と技法　調停ハンドブック』信山社、1998
[98]　レビン小林久子「調停トレーニングの勧め」法律のひろば2005年4月号
[99]　和田秀樹『根っこの仕事術　何を知り、どう行動するか？』サンマーク出版、2002
[100]　大野裕『こころが晴れるノート』創元社、2003
[101]　「座談会　調停制度の現状と展望」ジュリスト489号30頁（1971）
[102]　廣瀬忠夫「私の調停論とその実践」調停時報157号（2004）
[103]　京都家庭裁判所「家事調停技法」ケース研究325号（2016）
[104]　中村雄二郎『臨床の知とは何か』岩波新書、1992
[105]　野中郁次郎＝紺野登『知識経営のすすめ―ナレッジマネジメントとその時代』ちくま新書、1999
[106]　野中郁次郎＝竹内弘高『知識創造企業』東洋経済新報社、1996
[107]　佐久間新吉「家事調停の進め方への提言」調停時報150号（2001）
[108]　畑村洋太郎『失敗学のすすめ』講談社文庫、2005
[109]　社会福祉士養成講座編集委員会編集『福祉サービスの組織と経営（第4版）』中央法規出版、2013
[110]　近藤隆雄『新版サービスマネジメント入門』生産性出版、2004
[111]　島津望『医療の質と患者満足―サービス・マーケティング・アプローチ―』千倉書房、2005
[112]　Avedis Donabedian（東尚弘翻訳）『医療の質の定義と評価方法』特定非営利活動法人健康医療評価研究機構、2007

【著者略歴】

飯 田 邦 男 （いいだ　くにお）

1953年　茨城県に生まれる
1978年　東京教育大学（現筑波大学）教育学部卒業
その後、家庭裁判所調査官として勤務。
現　在　大正大学・明治学院大学の各非常勤講師
　　　　つくばソーシャルワーク＆ADR研究所代表
　　　　社会福祉士

〈著書・論文〉

『こころを読む実践家事調停学―当事者の納得にむけての戦略的調停―（改訂増補版）』（民事法研究会）
『虐待親への接近―家裁調査官の目と技法』（民事法研究会）
『こころをつかむ臨床家事調停学―当事者の視点に立った家事調停の技法』（民事法研究会）
『ケースで学ぶ家事・少年事件の事実をとらえる技術―家裁調査官の事実解明スキル』（民事法研究会）
『離婚調停の技術』（民事法研究会）
「『家事調停論』再考―家事調停の特徴とその構造―」戸籍時報696号特別増刊号（日本加除出版）
「現代型家事調停事件の性格と家事調停の課題（上）（中）（下）―家裁調査官による『実践的家事調停論』―」判例時報1927号、1929号、1930号
「アクティブ・リスニングとはどういうものか―自主交渉援助型調停の背景にあるもの―」仲裁ADR法学会「仲裁とADR」Vol.6
「調停技術の学び方―私のメタ調停技術論」JCAジャーナル50巻6号〜10号
「『三段跳び箱』というツールによる事実確認と問題行動の理解」「月刊学校教育相談」2012.11月号（ほんの森出版）
「サービス・マネジメントの視点から見る調停」JCAジャーナル63巻3号
「実践家事調停学―家事調停の基本技術―」調停時報196号

　　　　　　　　　　　　　　　　　　　　　　　　　　　　　　　　　　ほか

こころをつなぐ 離婚調停の実践

平成29年5月15日　第1刷発行

定価　本体 2,100円＋税

著　者　飯　田　邦　男
発　行　株式会社　民事法研究会
印　刷　株式会社　太平印刷社

発行所　株式会社　民事法研究会
　　　　〒150−0013　東京都渋谷区恵比寿 3 − 7 − 16
　　　　〔営業〕☎03−5798−7257　FAX03−5798−7258
　　　　〔編集〕☎03−5798−7277　FAX03−5798−7278
　　　　http://www.minjiho.com/　　info@minjiho.com

カバーデザイン／関野美香　ISBN978-4-86556-149-4 C2032 ¥2100E
組版／民事法研究会（Windows+EdicolorVer10+MotoyaFont etc.）
落丁・乱丁はおとりかえします。

▶当事者の心理や感情の動きを踏まえた、科学的かつ専門的な調停の技術書!

離婚調停の技術

元主任家庭裁判所調査官　飯田邦男　著

A5判・190頁・定価　本体2,000円+税

▷▷▷▷▷▷▷▷▷▷▷▷▷▷▷▷▷▷▷▷▷▷▷ 本書の特色と狙い ◁◁◁◁◁◁◁◁◁◁◁◁◁◁◁◁◁◁◁◁◁◁◁

▶人間関係諸科学の知識をベースに、実際の経験や洞察、アイディア等を加え、離婚調停をうまく進めるための考え方、技術をコンパクトかつ実務的にまとめた関係者必携の書!

▶従来の議論を参照にしつつも、心理学や社会学だけでなく、最新のADRの理論等も取り入れ、かつ現場での経験を踏まえた総集編!

▶裁判官、調停委員はもとより、代理人となる弁護士や、本人の支援を行う司法書士の方々の必読書!

❀❀❀❀❀❀❀❀❀❀❀❀❀❀❀❀❀❀❀❀ 本書の主要内容 ❀❀❀❀❀❀❀❀❀❀❀❀❀❀❀❀❀❀❀❀

第1章　家事(離婚)調停と当事者理解
　1　家事調停とは何か
　2　当事者理解

第2章　家事調停の機能と技術
　1　現行の家事調停制度
　2　自主交渉援助型調停
　3　調停技術
　4　面接技術
　5　人間関係調整の技術
　6　事実をとらえる技術

第3章　家事調停の進行・運営と調停委員
　1　家事調停の進行・運営の課題と意味
　2　家事調停の本質と基盤
　3　家事調停委員の専門性と課題
　4　調停技術の学習法

【付録1】人事調停──家事調停に至る道
【付録2】実践家事調停学

発行　民事法研究会

〒150-0013　東京都渋谷区恵比寿3-7-16
(営業) TEL. 03-5798-7257　FAX. 03-5798-7258
http://www.minjiho.com/　info@minjiho.com

最新実務に役立つ実践的手引書

裁判官のなすべき正確な事実認定のあり方と訴訟代理人の主張・立証活動のあり方を紛争類型別に解説！

紛争類型別 事実認定の考え方と実務

田中 豊 著 　　　　　　　　　　（Ａ５判・313頁・定価 本体2800円＋税）

質の高いヒアリングするための知識・ノウハウ、ヒアリングシートの効果的な利用方法などを解説！

ヒアリングシートを使った 中小企業の法律相談マニュアル
―信頼につながる基礎知識とヒアリングのノウハウ―

大阪弁護士会中小企業支援センター 編 　　（Ａ５判・267頁・定価 本体2600円＋税）

最新の家庭裁判所の運用、改正民法、家事事件手続法、成年後見制度利用促進法等に対応し改訂！

事例に学ぶ成年後見入門〔第２版〕
―権利擁護の思考と実務―

弁護士 大澤美穂子 著 　　　　　　　　（Ａ５判・255頁・定価 本体2300円＋税）

信託不動産の定期借地権方式の活用のほか、会社法人等番号への対応など最新の動向に合わせ改訂！

Ｑ＆Ａ 誰も書かなかった！ 事業用借地権のすべて〔全訂三版〕
―法律・契約・登記・税務・鑑定―

都市問題実務研究会 編 　　　　　　　　（Ａ５判・422頁・定価 本体3700円＋税）

在留外国人の会社設立登記、帰化申請、離婚や労働に関する紛争などを事例に即して解説！

事例にみる外国人の法的支援ハンドブック

神奈川青年司法書士協議会人権擁護委員会 編 　（Ａ５判・284頁・定価 本体2700円＋税）

管理方法から共有物分割請求、共有持分買取権の行使、共有持分放棄などの手続を事例に即して詳解！

共有不動産の紛争解決の実務
―使用方法・共有物分割の協議・訴訟から登記・税務まで―

弁護士・司法書士 三平聡史 著 　　　　（Ａ５判・348頁・定価 本体3400円＋税）

発行 **民事法研究会**
〒150-0013 東京都渋谷区恵比寿3-7-16
（営業）TEL 03-5798-7257　FAX 03-5798-7258
http://www.minjiho.com/ 　　info@minjiho.com

信頼と実績の法律実務書

新しい家事調停手続における調停申立書等の書類作成を通じた支援の指針を示す！

離婚調停・遺産分割調停の実務
―書類作成による当事者支援―

日本司法書士会連合会 編　　　　　　　（A5判・486頁・定価 本体4400円＋税）

当事者間の調整の方法、支援機関の利用方法などのアドバイスを多数収録！

代理人のための面会交流の実務
―離婚の調停・審判から実施に向けた調整・支援まで―

片山登志子・村岡泰行 編　面会交流実務研究会 著　（A5判・195頁・定価 本体2200円＋税）

ハーグ条約・実施法に基づく国際的な子の返還申立て、面会交流調停申立ての手続・書式を追録！

書式家事事件の実務〔全訂10版〕
―審判・調停から保全・執行までの書式と理論―

二田伸一郎・小磯 治 著　　　　　　　（A5判・606頁・定価 本体5200円＋税）

家事事件・人事訴訟事件を網羅的に取り上げ、理論と実務の両面から意義、要件、手続など解説！

家事・人訴事件の理論と実務〔第2版〕

北野俊光・梶村太市 編　　　　　　　（A5判上製・918頁・定価 本体8200円＋税）

熟年離婚、内縁関係の解消などさまざまなケースを通して戦略的事件解決の思考と手法が獲得できる！

事例に学ぶ離婚事件入門―紛争解決の思考と実務―

離婚事件研究会 編　　　　　　　　　（A5判・346頁・定価 本体2800円＋税）

別居の際の留意点や将来の生活設計を有利にするための離婚手続の進め方などをQ&A方式で解説！

Q&A離婚トラブル110番〔第3版〕
―元気な"前向きの離婚"のために―

離婚問題研究グループ 編　　　　　　　（四六判・302頁・定価 本体1800円＋税）

発行　民事法研究会

〒150-0013 東京都渋谷区恵比寿3-7-16
（営業）TEL 03-5798-7257　FAX 03-5798-7258
http://www.minjiho.com/　　info@minjiho.com

信頼と実績の法律実務書

新しい家事調停手続における調停申立書等の書類作成を通じた支援の指針を示す！

ケースで学ぶ家事・少年事件の事実をとらえる技術
―家裁調査官の事実解明スキル―

飯田邦男 著　　　　　　　　　　　　　　（Ａ５判・301頁・定価 本体2800円＋税）

当事者の立場に立った家事調停を実現する技術の向上をめざす意欲作！

こころをつかむ臨床家事調停学
―当事者の視点に立った家事調停の技法―

飯田邦男 著　　　　　　　　　　　　　　（Ａ５判・400頁・定価 本体3300円＋税）

複雑化・多様化する事件の法的な諸課題に論及しつつ、具体的な実務指針を133の条項例をとおして教示！

夫婦関係調停条項作成マニュアル〔第６版〕
―文例・判例と執行までの実務―

小磯 治 著　　　　　　　　　　　　　　（Ａ５判・288頁・定価 本体2700円＋税）

ＤＶを原因とする離婚手続、子どもの問題、生活費の請求など、解決への糸口がつかめる！

ＤＶ・ストーカー対策の法と実務

弁護士 小島妙子 著　　　　　　　　　　（Ａ５判・416頁・定価 本体3800円＋税）

調停の進行や立会調停、電話・テレビ会議システム導入など、気になる改正点と実務への影響がわかる！

Ｑ＆Ａ離婚実務と家事事件手続法

弁護士 小島妙子 著　　　　　　　　　　（Ａ５判・305頁・定価 本体3000円＋税）

家事事件手続法下での実務動向、年金制度に関する諸般の改正および物価スライド率等に対応させ改訂！

離婚時年金分割の考え方と実務〔第２版〕
―年金の基礎知識から分割のシミュレーションまで―

年金分割問題研究会 編　　　　　　　　　（Ａ５判・253頁・定価 本体2000円＋税）

発行　民事法研究会

〒150-0013　東京都渋谷区恵比寿3-7-16
(営業) TEL 03-5798-7257　FAX 03-5798-7258
http://www.minjiho.com/　　info@minjiho.com